小時候的 Snow，於美國康乃狄克州哈特福（1974）

上：於台大校園；中：彈吉他的 Snow（1994-1995）。
下：於芝加哥大學（1995）

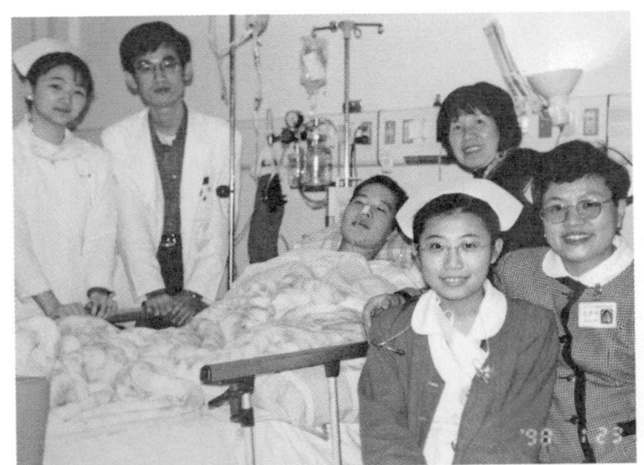

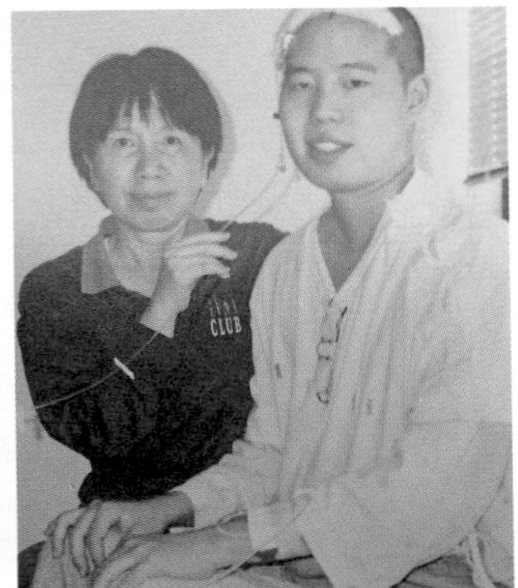

左上：於台大醫院住院期間；右上：於林口長庚醫院住院期間（1997）。
下：於芝加哥大學復健期間（1998）

結婚照 —— Snow 與摯愛的妻子熊誼芳（2001）

上：於高登研討會（2004）。中：參與社區中小學教學活動（2012）
下：於台大任教期間（2018）。

第一屆「未來晚會」於美僑俱樂部（2010）

生命中的貴人們——左上：蔡茂堂牧師（2003）。右上：吳兹皓醫師（2010）。中左：黃勝雄院長（2016）。中右：陳信宏醫師（2019）。左下：張上淳醫師（2020）。右下：親愛的家人（2021）

上：「師鐸獎」頒獎典禮現場，與總統蔡英文、行政院長蘇貞昌、教育部長潘文忠、母親王美幸合影（2020）

下：與張上淳醫師同獲「師鐸獎」的肯定（2020）

給明日的你

台大教授改變人生的10堂課

曾雪峰——著

王昀燕、王心瑩、熊誼芳——採訪撰文

推薦序

超越苦厄的微笑力量

台大電機系教授／**葉丙成**

我跟 Snow 是在差不多的時候進入台大電機系教書。一開始我只知道他是大學物理系畢業的來電機系教書，跟我大學數學系的畢業來電機系教書很像。因為我們都是理學院出身來電機系教書的老師，所以就多了分親切感。但在這之外就沒有太多接觸，主要是因為電機系的教學、研究工作非常繁重，對新老師來說樣樣都是挑戰。教書的頭幾年，我全心投入在課程還有研究工作，我一直沒有很了解 Snow 在做什麼事情。

直到有一天，Snow 邀請我參加他為學生舉辦的「未來晚會」，這是一個晚會，讓學生以二十年後自己的角色上台去發表演說。這個活動會讓每個學生思考、想像二十年後的自己會在什麼位子上、做什麼工作、為世界做出什麼貢獻。

我覺得這活動很有意思，因為當時大部分的學生都是進了科系、順著潮流畢業後念碩士，然後又順著潮流去研發替代役投身科技業，或者是順著潮流出國去念碩士寫程式。Snow 辦這個活動是逼著這些參加的學生們，不要都只是順著潮流，而是真的花時間好好去思考自己未來要走的路是什麼。而且 Snow 還會跟他們一對一的討論、發想，直到每個學生都逐漸摸索出自己的方向。

當天的晚會，辦得很成功。我們幾位參加的老師也很雞婆地給了學生許多建議。我相信學生從這個晚會的過程中，應該是有所收穫的。但有收穫的不只是學生，我也有。

參加晚會的一開始，我很疑惑，這些學生是怎麼組成的？因為我們在電機系是每個教授每四年會被指派七位導生。可是參加晚會的學生遠遠多於七位，甚至還有別系的學生，這讓我很好奇。我後來才知道，Snow 很願意花時間給「任何」學生指點迷津。不管你是不是電機系的學生，又或者是不是大學生、高中生，只要你想聽一些老師的建議，他

都很願意花時間跟學生談。很多學生談著談著，後來就成為他長期輔導的「導生」。所以他的導生不只電機系分配給他的，還包括許多都是他自發地、義務性地花自己時間輔導的學生們。

那次的未來晚會，Snow 讓我學到了，我們當老師的人，輔導學生毋需受限於系上分配給我們的、或是教課的學生而已。他也讓我學到了，輔導學生的方式可以是非常有創意的像「未來晚會」這樣的方式，讓學生對未來的人生有更深的思考。我對導師輔導工作的看法也因此改變，在那之後也開始試圖打破框架，用我的方式透過臉書、個別晤談，盡可能地幫助許多學生。感謝 Snow 給我的啟發，讓我後來也有機會跟他一樣，得到台大傑出導師這個對我來說很重要的獎項肯定。

這些年來，常有人說我是熱血的老師，但說到對學生熱血的程度，我認為 Snow 更勝我許多。他無時無刻對學生都是充滿微笑，任何學生需要幫忙，他都會盡力地幫。他對

學生的付出，一直都讓我很佩服。但在看完這本書後，我很是震撼。我一直知道他有病症，我也知道他因此而辛苦。但看了書之後，我才知道他因為這病症，是經歷過遠超過我想像的種種艱辛。儘管病症的後遺症讓 Snow 視覺出問題、走路出問題，但他總是很陽光地對待所有人。我不知道 Snow 的陽光笑容的背後，有這麼多不為人知的艱辛。一般人遇到這樣的病症，大概都很難避免怨天尤人，但 Snow 卻能維持心中的平靜，持續付出去幫助更多人。這真的很不簡單，也真的讓人非常佩服。

如果您是個對教書的工作、對學生，感覺越來越心累的老師，我很推薦您看看 Snow 的故事。作為老師，我們可以做什麼？面對人生的苦厄，我們又能如何超越？我相信 Snow 的故事，一定可以讓您有所觸動、有所啟發。推薦給您這本好書！

推薦序

Snow的演講，是改變一切的起點

《百萬小學堂》小西瓜／**廖書嫺**

認識 Snow 是一段很神奇的緣分。

記得那是我國三直升班的時候，學校為我們安排了每週的性向探索課程，透過邀請各領域的傑出人物，來啟發我們對各行各業的了解。對於我來說，其實就是個放空的時間，畢竟我覺得自己根本不用探索，我早早就想好了要讀什麼科系了呀！但沒想到，Snow 那天的演講卻是一切改變的起點。

演講內容說了什麼其實早已沒有印象，但我記得簡報裡面 Snow 放了許多小叮噹的圖片，用有趣的比喻講解物理現象，演講過程當中也相當鼓勵我們舉手回答或發問。演講結束後，Snow 找了當天有舉手回答問題的同學們到台前，跟大家要了 email 信箱；更令我驚訝的是，再過了幾天我竟

然真的收到了 Snow 傳的電子郵件！內容是一份導生作業「你獨特的光彩」：請你用一張（或多張）PPT，以你非常喜歡的照片、圖片、素描、卡通、漫畫、驚奇，或是自畫像，隨便什麼都好，來呈現「你……」。當時的我並沒有馬上回覆，而是過了一個多月才完成了這份自我介紹的 PPT，卻沒想到在寄出的當天就立刻收到回覆，Snow 更邀請我和另一位也完成了這份作業的朋友一起去台大找他吃飯。這完全顛覆了我以往對大學教授的想像！在我的想像中，大學的師生關係似乎不如國、高中生與班導間親密，沒想到竟然還能收到來自台大教授的邀約！

這是第一次和 Snow 一起吃飯，當天我們還跟著Snow去旁聽他開的通識課。這是一堂很有意思的課，在課堂上，Snow 在和這些大哥哥、大姊姊們聊如何談告白？談分手？這讓當時的我很驚訝，原來在大學還可以有這麼有趣的課程！之後的每個學期，Snow 也仍會邀請我們一起吃飯、聊聊現況，真的很感謝 Snow 即使在繁忙的教職、行政職還有導師職務之餘，仍然很關心我們兩個萍水相逢的高中生。每次見

面，Snow 都會很關心我們的近況如何？上次聊到的人生新目標執行得如何？課業和生活一切是否安好……雖說是和老師聊天，但大多時間，Snow 都是扮演一個聆聽者的角色，讓我們能暢所欲言生活中的煩惱與苦惱。對於困難，Snow 從不輕易評論，而是會帶領我們從不同角度思考這件事情是否有更好的解決方法、從中是否能學習到什麼課題？其實我是一個很懶得思考、十分安於現況的人，但每次與 Snow 聊天的過程中，他總會拋出許多有趣的議題或作業來啟發我的思考。而其中最困難的一次作業，莫過於「未來晚會」了！

以前國、高中時，最期待的就是上大學了。父母、老師總是說：「要玩等以後大學再玩，以後時間多得是！」但事實真的是這樣嗎？Snow 舉辦的第三屆未來晚會中，也邀請了我和同學一起去，而我們收到的題目就是「呈現出大學時的你的思維」：大學時的我會是就讀什麼學校科系？當時的我會在忙什麼、有什麼煩惱或壓力嗎？我是一個很沒有想像力的人，看到郵件邀請函的那一刻就和 Snow 的其他導生一樣，想要當作沒看到「裝死」，但後來硬著頭皮決定挑戰

一下自己；然而收到表演提示後又後悔了，全部只有「大學生、十分鐘、想幹嘛就幹嘛」的要求！大家肯定都有類似經驗，這種看似沒有限制的題目其實最難做得精采了。沒有辦法，我們只好開始了對於大學天馬行空的想像：課業、社團、感情等等。回頭想想，其實對自己當時的表現不算太滿意，但這項讓我第一次接觸到大學的作業原來這麼不一樣，當天在會場也見識到了許多優秀的學長姊們的表演呈現，令我大開眼界。

另外一份令我印象深刻的作業是「學測預先檢討書」，在甫升上高三之時預測自己的各科成績，並想想看是否有方法可以改善、現在又應該做什麼努力呢？這份作業給了我自己一個深切反省的機會，讓我靜下心來分析自己的強項弱項，並去思索該如何加強我比較弱的數理科，在各科時間分配上做最妥善的安排。最後也因為有確實執行自己訂定的「補救計畫」，而幸運在考試時有了不錯的成績。

我想，Snow 會有這麼多有趣的點子、啟發人思考的作

業，應該跟他的人生經驗有很大的關係。從小接觸美式教育、大學時釐清自己的想法而轉系、生了一場大病又重新回到工作崗位……種種的經驗讓 Snow 學會如何認識自己、設計未來，也將這些體悟帶給他的學生們。從認識 Snow 至今，雖然知道他曾歷經幾次重大手術，但也是因為這次拜讀新書，我才知道原來曾有那麼多次病危與緊急的時刻。邊閱讀著 Snow 的文字，我時不時倒抽一大口氣，也許是因為自己現在也在醫院實習，更能明白這些平淡的文字背後，當時有多麼地危急和千鈞一髮。命運總是特別喜愛開玩笑，在開過手術以為復原有望後，併發症的出現卻又讓人嚇出一身冷汗。真的無比地佩服 Snow 的韌性，雖然他總說是為了愛他的人而活，但若是沒有強韌的意志力和決心，要如何撐過辛苦的復健、走向康復的漫漫長路呢？很高興有這個機會拜讀 Snow 新書，並厚著臉皮寫了這篇推薦序。從學生的角度而言，Snow 給我的作業啟發了我許多思考，書中的許多教育理念、價值觀也讓我收穫頗多，永不放棄的精神更是令我敬佩不已。誠摯的推薦曾雪峰老師的新作——《給明日的你》！

目錄
contents

Chapter 3

做學生的朋友 傾聽年輕人的聲音

Chapter 4

人生的意外風景 一場噩夢帶來的深刻體悟

獻給我勇敢的教授爸爸與畫家媽媽

I am a life fighter because of you.

前言

身為老師，何其幸運

光榮與機緣

家裡收到一個體積龐大的箱子，大人忙碌無暇打開，於是兒子興匆匆拆開包裹。兒子平時參加許多活動，家裡堆滿他形形色色的各式獎狀和獎盃，因此他一拆開箱子，看到裡面的東西就大喊：「這是我的模範生獎盃！」

我和太太聽了一頭霧水，趨前一看，原來是我的「師鐸獎」獎座、獎章和獎狀寄到了，看到兒子失望地說「什麼？竟然是爸爸的？」簡直笑岔了氣。

二〇二一年七月，我接到消息，得知自己獲得教育部頒發的師鐸獎。這個獎項於每年九月二十八日教師節頒獎，表彰在專業領域有創新發展、在教育崗位上有特殊貢獻的優秀教育人員。然而，沉浸於獲獎的喜悅中沒多久，同年八

月，我突然半夜意識不清、陷入昏迷，太太立刻將我送醫，檢查發現腦室腫大了好幾倍，必須緊急開刀。

會有這樣可能致命的水腦症狀，並非偶然。早在二十幾年前，我遭逢一場大病，動了腦瘤的手術，腦中也裝設了引流腦脊髓液的導管，當時預計可使用五年，頂多七年，然而我卻與導管平安共存了二十多年。如今管路鞠躬盡瘁，底部阻塞，必須更換。

手術之後面臨走路不穩、眼睛複視等問題，太太鼓勵我配合復健、改善身體狀況，直對我說：「你要趕快好起來啊，九月二十八日才能去領師鐸獎！」為了這個眼前的目標，我努力調養身心，終於順利出院，在教師節當天，頂著手術時剃掉頭髮的平頭髮型，搭車到陽明山的中山樓，從蔡英文總統的手中，領到師鐸獎這項教育界的至高榮耀。

巧的是，那一年台大有兩位老師獲獎，另一位是台大醫學院的張上淳教授。他對我有再造之恩，年輕時我的腦瘤

手術發生嚴重的感染併發症，眾醫束手無策，後來轉院到台大，主治醫師特別照會一位感染科權威共同診治，正是張上淳教授。張醫師每天都到病房追蹤我的各種細微變化，甚至其他醫師想要多開藥時，張醫師卻完全停掉我的藥物，觀察後續的變化，以豐富的知識和經驗作判斷。我康復至今，一直與張教授保持聯繫，能夠與他在同一年獲頒師鐸獎，是無上的光榮與巧妙的緣分。

無從預料的人生巨變

在別人眼中，我大學畢業後出國深造，取得美國西北大學電機博士學位，回到台大光電所任教十多年，看似一路順遂。但事實上，我的人生在二十六歲那年發生了巨變。

在那之前，我是個無憂無慮、不知人間疾苦的人，從台大物理系畢業後，前往夢寐以求的芝加哥大學物理研究所攻讀博士，身邊都是全世界最優秀的物理研究者。但是突如其來的一場大病，我平凡的留學生活發生驟變，剛開始只是

聽不清楚，後來竟變成被宣告得了腦瘤。緊急開腦後，冒出各式各樣的併發症，所有醫師都找不出病因束手無策，每天不明發燒，最嚴重的時候半身癱瘓，臥床了一年多，學校課業中斷，生活完全被打亂，經歷了兩三年生不如死的漫長病床歲月。

我本來是對未來充滿憧憬與夢想的青年，一下子卻變成病重將死的重度傷殘人士。那段期間，從美國到台灣，我經歷了數次轉院，每一次都被醫師宣判死刑。幸好家人始終沒有放棄，也有醫護人員勇敢接下挑戰，我終於在大家的悉心治療與照護之下，漸漸恢復健康，回到美國繼續攻讀博士學位。

同樣要慶幸的是，我發病時正值剛考完博士資格考，還沒有找指導教授的空檔。如果當時尚未通過博士資格考，我對於自己的未來可能更加混沌迷惘，那對心理的打擊一定更大，是不是能夠撐過來，真的很難說。如果當時一切的悲慘遭遇非發生不可，那麼我非常感謝上天讓發生的時間順序

是那樣，使我的人生還有個隱約可以期待的目標。

病癒後，我又回到芝加哥大學，經過認真思考，決定以研究物理的扎實基礎，轉而學習解決問題的工程學，轉學到西北大學電機系，取得博士學位，然後因為一個意外的契機，回到台灣，接下台大的教職。

這場意想不到的大病，讓我對人生有了許多不同以往的思考。過去幾年來，我陸續獲頒一些教育界的獎項，除了師鐸獎以外，還有生命教育績優人員、友善校園獎、台大傑出導師等，獲獎理由多半提到我以自身生病的生命經驗，陪伴學生成長，並努力突破傳統的大學導師框架，舉辦跨領域活動來打破傳統班級定位，引導學生思考自己的專業發展和人生規劃。

事實上，我所接受的學術訓練是光電生醫研究，並不是專業的教育人員，但是有幸能進入台大任教，接觸到人人皆有獨特個性的台大學生，與他們相處的過程，對我來說真

正是所謂的「教學相長」，不但讓我回頭思考自己人生各個階段的意義，也更想要了解年輕人的潛力與困境，希望能陪伴他們反思自己的能力與局限，找到更寬廣的未來人生路。

一路走來的各種「意外」

這一路走來，其實充滿了各式各樣的「意外」。我本來打算取得博士學位之後，直接到業界工作，因為很想要應用自己所學的知識去解決各式各樣的問題。不過由於畢業前夕回到台灣一些大學，演講分享自己博士研究的內容，意外獲得台大光電所的教職，結果走上完全不一樣的人生道路。

回到台灣之後，其實我本來有點排斥開課，因為一直覺得自己比較喜歡做研究，並不喜歡教書。沒想到接觸校園內這些各有所長的台大學生之後，讓我意識到他們未來都會有精采的人生，每個人都可能是未來的賈伯斯、張忠謀，甚至成為大學校長、總統或行政院長，能夠當他們的老師是非常榮幸的事！我期盼從他們身上看到年輕學子的各種不可限

量的可能性，我擔心給錯意見，壓抑了他們原本可能大放異彩的未來人生，這一點讓我開始感到戰戰兢兢，深深覺得教育是一門非常精深的學問。

而之所以走上教育的這一條路，我最要感謝的是台大機械系的楊申語教授，是他最早邀請我參與「現代科技與人類文明」的通識課。在此之前，我主要在電機系教專業課程，而第一次參與通識課程，竟然就是將近兩百人的大班課程，一開始我非常惶恐，上起課來很緊張，擔心無法把課程帶好。但是參與一段時間後，我開始發現，由於選修通識課的學生來自各種不同科系，面對多元化的文科與理科學生，是一種新鮮的體驗，讓我有機會了解不同科系的學生基於不同的背景，對於相同的問題會有什麼不一樣的觀點與疑問。

這寶貴的經驗讓我開始希望多了解每位學生的獨特見解，即使是大班的通識課，我也著手一一規劃教學改進計畫，希望學生不只是在下面被動聽講而已，而是透過各式各樣的討論、合作和報告，讓不同科系的學生之間能有很多互

動。除此之外，我一注意到想法滿有意思的學生，就會主動詢問，或相約一起吃飯和參加活動。希望多聽聽他們的想法，也就是成為他們非正式的導師，收他們當「地下導生」，偶爾出作業刺激學生思考，透過輕鬆的方式陪伴台大人成長學習。

刺激學生培養韌性、接受挫折

參與這樣的大班通識課幾年之後，到了二〇一〇年，我在思考那一年十四位電機系導生的畢業禮物時，突然覺得身為導師，只像平常一樣請他們吃一頓飯實在沒什麼意思，於是突發奇想，老師最會做的事情是什麼？當然是出作業啊！那麼不如舉辦一場「未來晚會」，強迫他們思考未來二十年後會是什麼模樣，例如成為企業家、動畫師、科學家、工程師等等，藉此反思自己是否已經具備所需的能力，甚至思考該怎麼規劃適當的人生道路，才能達成心中的夢想和目標。

思考未來，
是人生最困難的作業。

對大學生來說，應付考試是他們的拿手好戲，但是碰到思考未來、規劃人生，往往覺得無所適從，因此很多人曾說，「未來晚會」根本是「台大電機系最困難的一項作業」！不過學生潛力無窮，就算再怎麼沒想過的事，經過一陣子鼓勵和陪伴，每個人都準備了非常精采的三分鐘演講，展現他們對自己二十年後的期許，參與者都覺得收穫滿滿。

「未來晚會」總共舉辦三次，從原本的十四位電機系學生和四位其他科系的「地下導生」，到了第二次我邀請認識的高中生一同參與，而第三次更發展成分組團體展演的規模。每位學生煞費苦心、仔細推敲，把未來的頭銜與自己目前正在學習的道路結合在一起，對於以後的人生路途也有了更清晰的想法和規劃。其實我自己何嘗沒有從中得到更多收穫？為了讓學生減少緊張，我也在晚會中率先發表演講，對自己過往的人生和未來的機會有了更多省思，真正是所謂的「教學相長」。

舉辦第一次的未來晚會後，那一年秋天，台大共同教

育中心找我與其他老師一同開設「新生專題」，這是給一年級學生選修的最基礎課程，希望激發大學新鮮人的想法，給他們一些刺激。由於有未來晚會的經驗，我的課程名稱設定為「明日的你」，概念就是如何從「現在的你」成為「你想要成為的明日的你」，探討該如何成為那樣的人。這門課最重要的特點並不是由我一直講課，而是盡量設計活動，讓學生開口談他們想做什麼，然後彼此討論，打造出有趣的互動與團體分享的上課經驗。

此外，我會出一些人生小作業，讓學生加強軟實力，像是培養韌性、接受挫折、如何再爬起來的能力等等。我希望學生好好思考，如果想做的事情最終沒有成功，甚至徹底失敗，對你有什麼影響？例如其實對自己的科系沒有興趣、想要轉系，甚至想要告白或失戀，你會如何因應？很多從小到大成績很好的學生，以前沒有經歷太多學習上的挫折，但是進入大學之後，面對許多優秀的同儕，一旦第一次期中考沒考好，整個人便大受打擊，未來的四年一蹶不振。**萬一遇到挫折，根本的問題到底是什麼？能不能找到有效的方法去**

克服？這種事先預料失敗的可能性，及早培養因應的能力非常重要。預備著有機會逆轉勝，倘若真的失敗了，挫折感可能也不至於那麼強烈。

二〇一四年舉辦第三次未來晚會之後，我舊疾復發，數年內又動了五次腦部手術，也不確定能不能再舉辦未來晚會。不過，由於曾在第二屆的未來晚會邀請台大領導學程副主任、物理系朱士維教授，他請我一同參與「進階領導專題」課程。

乍聽之下，這堂課似乎與培養領導力有關，但其實身為領導並不是什麼事都要會，而是要勇於嘗試、摸索學習，在團隊合作的過程中，有人統籌領導、有人輔佐協助，而每個人都需要了解領導的相關元素，大家同心協力完成任務。有趣的是，選修的台大學生來自各個不同領域，而且多半想要嘗試本科系以外的事，特別是想要實踐社會服務的理想，因此最後提出的分組專案有不少社會實踐的案例，例如赫赫有名的「晨行人」活動，號召許多師生一大清早七點出門運

動，藉此培養自律的習慣，後來影響到很多大學發起同樣的活動，我實在非常佩服那群發起專案的師生。

我和朱士維老師一直很有緣，他邀我開設的「進階領導專題」上了八年之後，二〇一九年他又邀我參與「設計你的人生」，這門課程的概念源自於史丹佛大學很熱門的生涯規劃和創意發想課程，包含密集型工作坊、主題討論、小組回饋、行動方案等等，探討的主題涵蓋人生觀、工作觀、愛情觀等各種面向，完全跳脫一般學科所注重的知識性課程，非常強調獨立思考的能力和團隊合作的氛圍。

二〇二〇年，我再度開設新課程：「生涯探索：成為進階版的你」，這可說是受到台大環工系張文亮教授的啟發。張文亮老師的求學階段頗為曲折，因為遇到耐心陪伴的伯樂老師，而找到自己的人生志向。他花費很大的心力陪伴學生成長的精神，讓我非常感動。受到他的激勵，我也想開設一門課程，如同「新生專題」一樣，適時引導大學二到四年級的「舊生」，協助撫平他們面臨挫折的心傷。

盡量看事情的光明面

這一路走來，我深深體會到，我自身曾經長期臥床等死的特殊經歷，讓我對於生命的崩壞和建設有著不同於常人的思考，因此似乎很適合教這些人生探索類型的課程，陪伴學生度過各種低潮與挫敗，思考未來能有什麼樣的規劃與突破。

記得生病當時，媽媽曾經對我說：「你應該哭一哭呀！遭遇到這麼大的事情，怎麼都沒有看你哭過呢？」

我曾經試著想哭，但是哭不出來。

可能是遭遇的不幸太過巨大，遠超過我的想像吧。記得當時覺得悲慘的遭遇常常接二連三，就在你覺得不會更悲慘的時候，又發生一件更悲慘的事。感覺已經在谷底，還能怎麼更糟的時候，下一件事情竟然慘上加慘！這經歷一再發生，我只能無言以對，以致於忘了怎麼哭泣了。

在一連串打擊之下，我只能說，我學習到「盡量看事情的光明面」；事實上我也只能苟延殘喘，情況並不會因我抱怨、難過或哭泣而有所改變。坦白說，如果不看光明的一面，日子豈不是更難捱？

舉例來說，我在長庚住院，半身癱瘓、眼睛看不清楚時，表妹遠從美國飛過來探望我。她一看到我躺在病床上的慘狀，眼淚不聽使喚地流下來。這個時候，我覺得需要安慰身邊關心我的人，突然就生出一點力量，對她說：

「My situation could have been a lot worse. I would be grateful if the situation is not worsening.」（我的情況本來有可能更嚴重。沒有比現在的狀況更糟，我就很感恩了。）

當時，我手術後右耳完全失聰，左半邊的身體也不能動，但是幸好左耳還聽得到，右邊的身體也可以動，因此能夠自己接聽電話。萬一不是半身癱瘓而是全身癱瘓，那就更

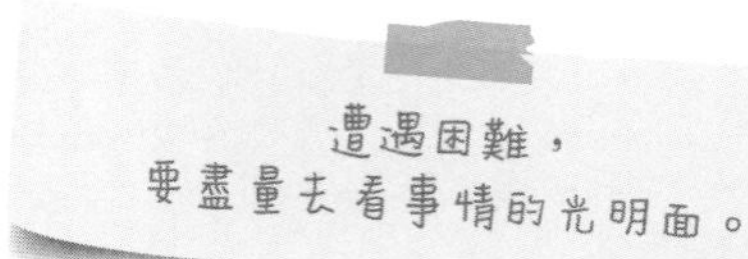

加悲慘了，為此我深深感恩。

能夠說出口安慰旁人，其實需要鼓起很大的勇氣，因為我歷經的病痛實在是太可怕了。回頭看來，我很感謝自己生了那麼一場大病，當時的絕望經驗，讓我能夠更加真切地同理別人的病痛、悲慘和苦楚。

成為祝福學生的一盞明燈

常有人問我，為何可以得到教育部許多獎項？尤其要輔導桀驁不馴的台大學生，有沒有什麼祕訣？其實，我的做法只是聽他們傾訴、做他們的朋友，不會主動對他們灌輸什麼大道理。我會出一堆不尋常的人生作業，辦一些奇怪的活動，隨便他們要不要做都沒關係；不過學生往往說，這些小作業幫助他們聽到內心的聲音，進而理解自己真正想要的是什麼。

我曾經遇到一些學生健康狀況不佳，得到難以治癒的

疾病，大好前途橫生阻攔，不免對未來感到茫然而心情沮喪。他們跟我一聊，才知道原來我生過病。其實關於我的親身經歷，除非學生問到，否則我不會主動提起。但我很感謝生了那場病，有那些經歷，讓一些學生願意找我傾談，讓我能夠安慰到一些人，提供他們一點幫助。

曾經有一位台大醫科的女生，成績非常資優，但是對人生的志向感到徬徨。我陪伴她，聆聽她傾訴內心的想法，最後她決定重新逐夢，放棄醫科的光環，走上與醫師同學們順遂的從醫路不一樣的路途，毅然前往瑞士，就讀蘇黎世聯邦理工學院。我擔心她人生地不熟，生活壓力很大，去歐洲開會時繞道探望她，為她打氣，幫她的勇敢決定搖旗吶喊。

另外有一位學生的家庭遭逢巨變，我擔心學生沉溺於負面的情緒，不時與他通信，幫他打氣鼓勵。她曾經寫信給我：「哈囉 Snow～這學期終於告一段落了！家裡日子過得並不容易，但我非常珍藏你給我的信，每天念一遍，才不會又沉到水底！」

還有一位家道中落，經濟陷入窘境，過年時我給他一個小小的紅包，希望能帶來鼓舞。他回信給我說：「Dear Snow, I can't say how thankful I am. 紅包給我的祝福，是很大很大的力量，我會把錢包好還你噢！非常抱歉讓你擔心，我立志也要成為像你一樣的老師，把祝福帶給更多人！」

其實，我只是學習一些前輩們「以生命影響生命」的榜樣。例如我在西北大學電機所的已逝的指導教授艾倫·泰福勒（Allen Taflove），他曾無數次獲選「優良導師」，對我影響很大。有一次我與教授討論研究內容，過沒多久，有位大學部學生打電話來，原來是考試考砸了，想要找老師訴苦。我的指導教授對著電話另一頭的學生輕聲說：「你慢慢說，我會仔細聽你講。」我們的討論就此中斷，過了一、二十分鐘，教授仍沒有要掛斷電話的意思，讓我留下很深刻的印象。我後來花很多時間在年輕學子身上，正是受到泰福勒教授的啟發。

此外像是台大電機系的李建模、葉丙成老師，環工所

已退休的張文亮老師，機械系的楊申語老師等，由於這些好老師無私的陪伴分享，無數的學生得以克服人生的困難與挫折，擦乾淚水，勇敢站起來，繼續向前走。我向這些老師學習，以他們為榜樣。身為老師，與學生的生命產生交會，一起笑一起哭一起成長，何其幸運。

在這本書裡，我記錄了自己參與的一些人生探索課程，對象有大一新鮮人，幫助他們了解未來可能碰到的挫折，培養韌性和解決困境的能力；也有大二到大四的「舊生」，陪伴他們透過跨領域的課程參與，找到自己真正想做的事，並找到突破困境重新站起來的力量；另外更針對內心有強烈實踐意圖的學生，帶領他們透過團隊合作討論，針對自己想要做的事情提出完整的企劃，並找到有效的實踐方法。

由於我自己的一些特殊經歷，包括生病、申請學校失利、博士研究過程的跨領域參與等等，讓我比較能夠站在學生的角度，思考他們可能碰到的困境，幫助他們找到更多可

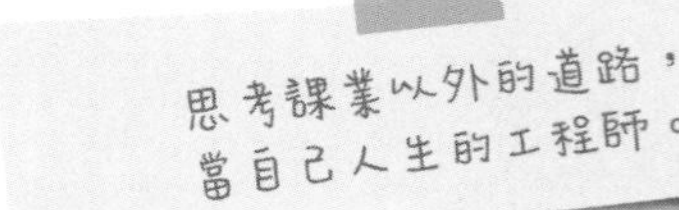

能的轉機。在開授課程和擔任導師的過程中，我努力傾聽每一位性格迥異的學生內心的想法，不採用傳統上對下的講課方式，而是把主導權交給他們，由學生互相討論、激盪火花、發表意見，**大學教授的角色變成鼓勵他們思考課業以外的人生道路，成為自己的「人生工程師」**，透過有效率的企劃和執行方式，針對看似無解的問題，找出解決之道，走向未來找到各種可能嘗試的道路。

除了在大學開設相關課程，我也常受邀到高中發表相關的演講，很多高中生對於這種教科書以外的刺激和思考非常感興趣。我也曾邀請國高中生到「未來晚會」發表演講，或者在演講中出作業給高中生，請他們思考大學課程的一些有趣議題。面對這些潛力無窮的孩子，我認為身為教師和父母，需要做的並不是指導和限制，而是敞開心胸，聆聽他們的想法，適時引導孩子思考如何面對逆境，找出可能的對策，進而幫助他們自己找到未來想要熱情投入的人生目標。

能夠成為學生的人生旅途上一盞「祝福的明燈」，我很幸運。

謝謝即將要翻開這本書的你，希望你會喜歡這本書。

Ch.
1

未來晚會

想像二十年後的你

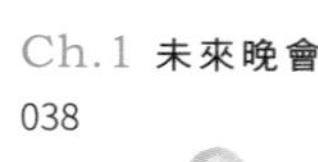

最困難的作業

我為學生辦過的所有活動之中，「未來晚會」是最具規模、最有深度、影響力最大的一堂課，而且很多人說是「台大電機系最困難的一項作業」！

未來晚會總共辦了三屆，分別是二〇一〇年、二〇一二年、二〇一四年。我為什麼會想要舉辦「未來晚會」呢？最初的原因是二〇一〇那一年，我有十四位電機系導生即將畢業，我想送他們一份禮物，但是能送什麼呢？通常導師與導生的互動就是吃一頓飯，那麼是請一頓昂貴的大餐嗎？或是送一份昂貴的禮物？但仔細想想，即使我負擔得起，那樣做也沒有太大意義。

後來想想，老師最會做的事情是什麼？當然是出作業啊！於是我突發奇想，不如舉辦一場活動，邀請學生來參加，強迫他們思考一些未來的事情，類似畢業之前的「歡送party」，應該會很好玩。我太太是一個點子很多的老師，也

是教育體系出身，她給了我很多好建議，多虧有她幫「未來晚會」想到很多有趣的點子。

第一次的未來晚會，我邀請我的導生們公開演講，設定的背景是「二十年後的你」，想像二十年後的自己可能在哪裡？又會做什麼事？我請學生們以「二十年後」作為時空背景，選擇自己覺得可能重要的議題，發表一場演講。比方說，二十年後，你可能是某個企業的大老闆，應邀參加一場扶輪社或校友演講，聽眾可能是社會賢達或畢業校友等等，像這樣用未來的場合和情境發表一場演講，非常具有挑戰性。同時，我會幫整場活動安排全程錄影，留下最棒的紀念。

即將從大學畢業的學生，往往對未來感到茫然，不曉得以後會變成什麼樣子的大人。因此，我出的這項作業等於是強迫學生思考未來可能的發展，想辦法讓模糊懵懂的熱血夢想變得比較清晰。至於為什麼設定為二十年後？我考慮到時間點不能太近，要能跳脫眼前的年輕熱血心態，讓學生站上全新的位置，以成熟的心態去思考自己的人生。以我個人

為例，大學畢業二十年後，我已經回到台大教書，與學生時代的浪漫與夢想已有一段距離，而中間經歷了一些人生插曲和意外，有些過程是一步一腳印踏實走來，也有些是完全意想不到的轉折。

第一次的未來晚會，我發出十八封電子郵件給十四位導生，另外還有四位「地下導生」，他們不是我的正式導生，是因為修課的關係而結緣的外系學生。我對學生說：「除非你覺得二十年後的穿著打扮會與現在差不多，不然請你務必要以符合演講身分的裝扮出席晚會。正式一點的話，男生可穿西裝，女生可向媽媽借套裝，反正就是要打扮成二十年後的樣子。」我也請學生邀請一位重要的家人或朋友來，「男朋友、女朋友，或是兄弟姊妹都好。如果都沒有，那就麻煩你們邀請家長來，這樣更好！」

每個學生聽了這項作業都覺得很頭痛，說這是我給過「最困難的作業」之一，紛紛擺爛裝死，以耍賴的態度對我說：「老師，我不知道喔！我沒收到電子郵件……」大概是由於看

如果要有所收穫，
必須要有相當的付出。

到這項作業覺得太過困難，第一時間就把它丟到一邊去了。

為了展現舉辦晚會的決心，我特別去租了一個十分正式的場合，「台北美僑協會」（American Club Taipei, ACC）。美僑俱樂部位於圓山飯店和中央廣播電台之間的北安路上，裡頭有一間很正式的宴會廳，可以舉辦像是電影裡面眾人身穿晚禮服、手拿雞尾酒杯、彼此寒暄社交的活動。場地費不便宜，一晚要價好幾萬元，我一個窮教授，根本不知道經費要從哪裡來，但我心想，場地先租借了再講，因為場地借了，活動勢在必行，費用另外再想辦法。

我先找學生一個個來作心理建設，除了跟他們討論講題，也陪著預演排練，甚至有些人還預演了好幾次。學生本來害羞，不想排練給我看（理由都是說不想「破哏」），但我提醒他們，我可以當第一位觀眾，指出演說的優缺點。舉例來說，有人習慣一直搖頭晃腦抖腳，但我提醒他們，活動會全程錄影，如果有人能事先給一些建議，總比上台出糗好吧？最後與學生的協商結果是，排練時關起門來，除了我以

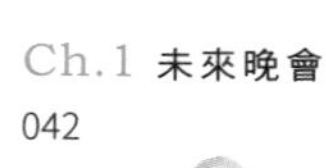

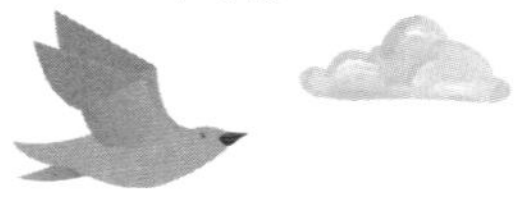

外不給別人看。

即使如此，學生們還是向我抱怨：「老師啊，這太難了，我不會啦！」

我說：「怎麼會難？題目不是自訂的嗎？」

其實我心裡偷偷暗笑，這確實超難的，連我自己也不會！

現在的你vs.未來的夢想

在未來晚會上，每個人要發表一段三分鐘的短講，學生需要準備數張投影片，包括以下的內容：

第一張是 Intro & Icebreaking（簡介和破題），簡短的自我介紹與開場白，以一句話說明為什麼受邀來演講。

第二張是 Topic（演講題目），以自己假想的身分和專

長設定講題，並且用英文鏗鏘有力地將題目再說一遍。

第三張是 Outline（演講大綱），囊括至少三個重點，用深入淺出的方式，讓聽眾了解你演講的內容，但中間內容可省略不講，直接跳到結論。

第四張是 Conclusion（結論），想像你剛剛給了一場精采絕倫的演講，到了快要結束的時候，你會對大家說什麼？請再次重申你的重點，也必須加上英文，讓聽眾印象深刻！

第五張是 Punchline（結語），你一旦成為社會上的重要人物，請思考自己對社會的道義和責任。每個人都要用以下這段話作為結語：

身為＿＿＿＿，我對於這個社會的貢獻是＿＿＿＿，一個「台大人」要肩負起比別人更多的社會責任與社會道義，我對自己的期望是＿＿＿＿，在未來的＿＿＿＿年內，我要以「如此如此這般這般」的方式，來貢獻這個社會。

「未來晚會」牽涉到許多層面，等於是一個規模很大的應用題，把所有我覺得重要的事情都彙整起來，進行展演。首先，訂題目非常困難，因為光是怎麼下手就不容易。此外，這活動還有一大挑戰：每個人都不曉得別人要講什麼，偏偏又找了父母朋友等重要人物來，穿著正式，全程錄影，壓力自然超大，心裡忐忑不安。我記得有一位學生說，他本來擔心會不會講得太誇張，但直到晚會那一天，聽到各位同學分享二十年後的自己，他才意識到，**自己未來建構的世界實在是太小了。**

再者，我很重視英文，雖然這只是未來晚會中很小很小的一個環節。想像二十年後受邀的演講，有可能是很國際化的場合，因此我希望大家的演講內容盡量要有國際觀，也需要添加一點英文來演說。內容不必全部講英文，但至少標題要講英文，講得鏗鏘有力，能讓外國人印象深刻就可以了。

這樣的想法與我自己的成長背景有關，我父母先後赴美留學，因此我在美國康乃狄克州首府哈特福（Hartford）出生，五歲時全家搬回台灣，直到大學畢業才又返美攻讀博士學位。我的第一語言是台語，爸爸媽媽兩人台語腔調不同，一是南部腔，一是北部腔，我小時候在家和父母只說台語。三歲多我開始去托兒所，一開始完全不會說英語，但是差不多過了一個月左右，我就奇蹟似地用英語和別人溝通了。

等到我生了兒子，兒子兩歲多，我就讓他去念美國的托兒所。沒想到我爸爸覺得孫子非常辛苦，年紀這麼小，我竟然丟他獨自一人面對不熟悉的語言和環境！阿公覺得這樣真是太殘忍了。一開始我也覺得孩子有點可憐，但轉念一想：「不對啊，爸爸，這不是跟我小時候一樣嗎？那時候我也完全不會說英語，你還不是把我一人放在完全陌生的環境裡自己學習？」仔細一想，當年爸爸希望我融入所處的美國社會，而我現在希望下一代學生能走入國際，其實心境是一樣的，雖然不忍心，但知道**如果要有所收穫，必須要有相當的付出。**

台灣很多人口說英文，TH、R、L 不分，這方面可以透過反覆練習、加強要求而做到，但更重要是訓練英文的表達能力。你想想看，二十年後的大場面可能有很多知名的賓客，至少要讓聽眾覺得你的英文很不錯。我的想法是，如果可以講三分鐘鏗鏘有力的英文，就敢嘗試講三十分鐘很好的英文，端看怎麼準備而已。甚至我希望同學們真正開始參加就業面試之前，有機會琢磨一些公開演講的技巧，好比如何將一份簡報的內容規劃得很有邏輯、加強口頭表達能力、磨練台風、訓練自然而然用英語開口、注意適度地表現風趣及幽默等等。

更重要的是，這個只需準備**三分鐘的演講，我想聽到的是學生擘劃的「格局」**。你怎麼看待你的未來？你想做什麼？你的未來跟你的家人、你想要的收入、你想要的生活有什麼樣的關聯？我希望強迫學生去思考這些事，同時也想想自己對哪一方面特別有興趣，未來想做的事情與現在有什麼關聯，進而思考自己需要做什麼樣的準備和努力。

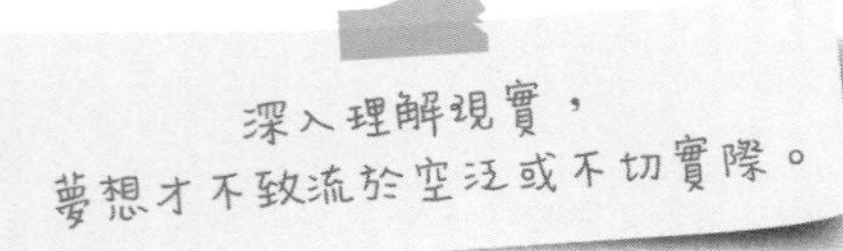

深入理解現實，
夢想才不致流於空泛或不切實際。

例如學生準備三分鐘演說時，我希望他們認真思考，如果將來想當企業家、開一間公司，現在有沒有修商業管理方面的課程？如果沒有，打算什麼時候去學？還是就不學，土法煉鋼累積經驗？學生或許對這些方面還沒有準備，但我希望他們開始思考，並且往未來的藍圖大步邁進，**努力讓「現在的你」和「未來的夢想」產生連結。**

我自己當年大學畢業時，並沒有很多機會去思考這些事，一切以升學為主，但是過了這麼多年來，我覺得這方面的思考是很重要的。尤其是興趣和工作該如何結合，又如何將興趣轉化為工作，這些重要的事情實在需要花時間細細思量，並且親身努力實踐和驗證。

人生沒有標準答案

第一屆的「未來晚會」，學生見識到這是一個非常正式莊重的場合。現場約四、五十人，除了學生邀請的重要

友人和家長外，我也邀請了多位自己熟識的大學教授、業界人士和朋友前來參與。學生偷偷對我說，他們上台前緊張得冷汗直流，因為以前都是教授在台上授課，自己坐在下面聽，但現在竟然有一桌教授在台下聽他們演講，覺得既新鮮又有趣。

當天由我打頭陣，第一個上台報告。為了讓學生不害羞、勇敢提及自身的偉大夢想，我拋磚引玉，介紹自己是剛剛卸任的台大校長，準備前往美國擔任加州理工學院的校長。由於自己也需要準備演說，我體會到這項功課真的很不容易。

我記得當年有一位電機系學生，是個女生，對於插畫、設計、動畫很感興趣。她設定二十年後的自己是「皮克斯的動畫工程師」，因為每次看皮克斯動畫電影的幕後花絮，她都覺得：「天啊！這間公司真是太歡樂了！」後來她雖然沒有去皮克斯，但申請到 Apple 與 Facebook（更名為「Meta」），算是把喜歡的事情與工作結合在一起。她說是

因為「未來晚會」這場活動強迫她思考一些可行性，於是開始評估自己的興趣是不是真的可以與未來的工作結合起來，我覺得很棒。

其他還有許多有趣的演講題目，有人夢想成為美國國家航空暨太空總署（NASA）署長，因為一舉一動都有可能影響整個人類文明；有人希望成為行俠仗義的遊俠（中世紀故事經常出現的那種）；也有人從本身對橋牌的興趣，去想像自己未來渴望成為什麼樣的人。

每個學生的著眼點都不同，他們費了很多心思仔細推敲，如何把未來的頭銜與自己目前正在走的道路結合起來。準備過程中，有學生發現，每一個提案最後都被自己否決掉，因為總覺得太遙不可及、太好高騖遠、太自以為是，應該是自己在做夢。能夠像這樣踏實思考夢想的可行性，我覺得也很好。

看到學生提出各式各樣的設定，我覺得這和真實的人

生很像：沒有一定的規則，你可以選擇過得很普通，也可以選擇過得很另類，全看「你自己」把什麼事情放在首位，或者希望過怎麼樣的人生。**我更看重的是，同學們在決定目標、追求夢想的同時，花了多少時間和精力去了解和熟悉那個領域。**也就是說，相對於這個夢想中的頭銜，更重要的是深入理解實際的工作內容（real-life job descriptions），夢想才不致流於空泛或不切實際。

我原本也暗自希望臨場出些小狀況來考驗大家，讓這些「未來可能的大人物」，有機會實地練習解決「出包」的情況。像是遇到忘詞、麥克風沒聲音、投影機出包等窘境時，你會用什麼方法進行危機處理？也許是詼諧地帶過？假裝沒發生？又或者有人問了一個唐突的問題，你要如何反應？不過當天非常順利，每個人的表現都很棒。

其實，雖然我只是這次晚會的配角，但我的收穫也很大。設定了這樣的場合和時空背景，也讓我思考自己當下的目標與方向。電機系教授要成為台大校長應該非常有可能，

不只是夢想呢！而我未來想不想當校長？老實說，未來到底想做什麼，我自己也還在思考。**人生往哪裡走並沒有標準答案，而且答案時時會變化，真的是需要常常思考的問題！**

望向未來，勇於做夢

參與第一屆未來晚會的成員，都是我自己熟識的學生，我很了解他們每一個人的個性、與別人的互動方式，也知道他們各自遇到的挑戰、目前在做些什麼等等。第一次辦完這場活動，感覺參與者都是電機系的學生，每個人思考的未來發展相當類似，好像有點單調。於是，我決定把觸角延伸出去，主動去認識許多選修我的課的外系學生，甚至接觸到學生的朋友，因而收了很多「地下導生」。不是電機系沒關係，我請你吃飯，偶爾給你曾雪峰老師的「Snow Style」人生作業，與你聊一聊人生體驗，也歡迎帶其他朋友一起來。這麼做的目的是希望廣邀不同科系背景的學生，而學生之間自然而然會形成人際網絡，彼此互相挑戰、互相學習，會讓他們的人生經歷更加豐富。

第二屆未來晚會的地點仍然選在美僑協會舉行，總計參與人數四、五十人，跟上一次差不多。上台的學生約莫二十位，但參與成員的背景更加多元。有幾位醫學系和外文系學生參加，他們很聰明、很有想法，思考方式與電機系學生完全不一樣 。這次的與會者亦擴及高中生，有一次我去北一女中演講，認識了幾位學生，他們的目光炯炯有神，演講會後提出的問題與談吐相當有意思，於是我也邀他們一起來共襄盛舉。

第三屆未來晚會同樣安排在美僑協會舉行，與會者包括兩組國、高中特別講者，以及台大各系所學生及教授。這次的未來晚會有件趣事，有一位資工系畢業生像是發現了新大陸，很興奮地對我說：「老師，那個人是小西瓜耶！」原來是以前台視紅極一時的益智節目《百萬小學堂》，智囊團中有個表現亮眼的小學生「小西瓜」，她的本名是廖書嫻。沒想到我找來參加未來晚會的延平中學學生當中，有一位這麼有名的人，我卻完全不知道。

人生往哪裡走沒有標準答案，
而且答案時時會變化。

不同於前兩屆的發表形式以個人為主，第三屆未來晚會採團體方式呈現，考驗學生彼此合作協調的能力，也期待透過互相切磋，讓他們的思考能跳脫自己的框架，激盪出更多火花。由於學生的年齡層分布更廣，因此區分成國中生組、高中生組和幾個大學生組，分別想像自己在二十幾歲、三十幾歲到六十幾歲等各個人生階段的可能情境。學生表演形式多元，包括戲劇、影片、獨白等各種展演方式，精采勾勒出他們想像中的未來藍圖。中學生組透露出他們對於大學高等教育校園生活的嚮往與願景，其餘各組則是藉由婚禮、同學會甚至中年失業的場景，凸顯出愛情、事業、理想之間的各種矛盾衝突，或是強調坦然面對人生變故、正向思考的重要性。

從學生的展演不難發現，一旦告別學生身分、進入職場工作之後，眼前會充滿更多不確定性，使他們心生焦慮，感到很不安。或許正因如此，很多人都提到要珍惜當下，好好把握每一個獨一無二的階段。

特別的是，我爸爸曾憲政也應邀出席第三屆未來晚會。我爸爸的專業領域是商用數學，他的老家在雲林斗南，一九六五年先去堪薩斯大學攻讀 MBA，後來擔心沒有美國身分，讀 MBA 恐怕找不到工作，於是一九六六年轉往密蘇里大學主修統計學，從零開始補修許多數學方面的學分，之後進入精算領域發展，並順利取得統計學碩士。

爸爸曾任東吳大學商用數學系（現改為「財務工程與精算數學系」）系主任，後來又接下逢甲大學風險管理與保險學系研究所所長，朝陽大學保險金融管理系也是他創立的，最後是在政治大學退休。從美國返台後，有著商人魂的爸爸一邊擔任教職，一邊開公司做生意，包括進口玉米、經銷書籍到經營度量衡公司。他一直覺得人生需要學以致用，因此內心最大的遺憾是自己教保險，卻沒有開過保險公司，但這個夢想需要相當龐大的資金才能實現。

等到五十多歲機會來臨時，他竟然義無反顧辭去教職、犧牲退休金，追求自己的夢想。當時是一九九三年，

國寶人壽剛剛創立，他參與創業，擔任總經理一職。他一生作育英才無數，卻說自己不厲害，最高興的是以學生為榮，像是永達保險經紀人公司的董事長吳文永先生正是他的得意門生。

爸爸到了七十歲還與弟弟一同創業，包括意藍科技、偉嘉數位媒體（C2 Digital）、凱亞科技（Acaia）等科技公司。他常說兩個兒子克紹箕裘、青出於藍，但爸爸這輩子同時做教授又做老闆，成就是我無法企及的。

爸爸在未來晚會上砥勉年輕人要大膽築夢，「人生回頭看過去的事情可以很清楚，但要預測未來，實在是不容易⋯⋯年輕人的未來，其實就是年紀大一點的人的過去，望向未來要勇於做夢，如果沒有夢，就沒有快樂的未來。勇敢地去夢想吧！以我數十年的人生經驗來看，機會永遠存在那裡，只看你敢不敢去抓住而已！」

另一位貴賓是台大物理系教授朱士維，他的回饋也令

我十分動容。他說：「我印象最深刻的是學生付出的熱誠。在學校裡教書，常常會感嘆學生的學習動機不夠強。當然，這和整個教育大環境有很大的關係，不只是學生的問題。但是從這個晚上，我們可以看到，**一旦學生主動願意去做、願意付出，能夠成就多麼大的能量啊！**讓我們不禁思考，學校所教的東西，或許應該再調整一下，要更能引發學生的學習動機，才是未來的教育方向。此外，過去的學長姊願意回來分享，參與家長也非常熱情地回應，足以證明這個活動的影響力。」

很慶幸認識「年輕版」的大人物

未來晚會前後舉辦了三屆，第二屆擴展到台大不同科系的學生，第三屆甚至有外校學生和國中生來參加。以前我認識很多「地下導生」，個個都很有趣，可惜他們彼此並不認識。因此到了第二、三屆的未來晚會，我特別幫他們分組，讓他們有機會結識、做朋友。後來很多人跟我說，非常感謝我為他們介紹本來完全不認識的人。除了希望促進不同

科系之間的交流，另一個用意是，如果有朋友可以互相吐吐苦水，特別是這種彼此沒有利害關係的夥伴，或許可以幫助他們度過某些難關。

只可惜辦了第三屆之後，我開始頻繁地出入醫院開刀，而要舉辦未來晚會需要天時、地利、人和兼備，實在不容易，下一次的未來晚會是什麼時候，我也不知道。

其實常有家人和同事問我：「Snow，你哪來這麼多美國時間辦這些活動？教授不是很忙嗎？」

我總是說：「是很忙啊，但只要是學生的事情，我都有時間。」

籌辦這樣的活動，讓我對年輕人的生活有很強的參與感，就當作是我送給學生的另類畢業禮物吧，希望能幫助他們照亮未來的方向。透過「未來晚會」這樣的活動，我有機會深度認識這些很有潛力、未來無可限量的學生。對於這些

導生或地下導生，我的態度是很戰戰兢兢的，他們只是小我二、三十歲，但未來有可能變成比我更了不起的人物、做出很大的成就。我很慶幸自己能跟這些「年輕版」的大人物有過深刻的互動。

Ch.
2

明日的你

給大學新鮮人的第一堂課

現在的你 → 明日的你

二〇一〇年，台大共同教育中心找我開設「新生專題」（Freshman Seminar），是給大學新鮮人選修的最基礎課程。開設新生專題的老師共有十位，當時的台大教務長蔣丙煌對我們說，課程的名稱和內容都可以很有彈性，重要的是與學生產生互動，激發他們的想法，給他們一些刺激。

開設「新生專題」的老師們都是各領域的專家，雖是同一門課，但每位老師訂定了自己擅長的課程內容，有的人專注於心靈層面，也有人關注社會學、經濟學等，我很喜歡這種百花齊放的概念。我的課程名稱是「明日的你」，概念就是如何從「現在的你」成為「明日你想要成為的你」，探討你如何成為那樣的人。

新生專題的討論與作業，全都環繞著我認為重要的一些課題，包括人生、親情、戀情、語言、國際觀等。這門課包括一個特點：並不是由我一直講課、灌輸知識，大部分時

候我會盡量設計課程活動，讓學生開口談他們想做什麼，大家互相討論、評論，希望打造一個比較有互動分享的經驗式課程。

如同我前面所說，這些台大學生到了未來的二十年、三十年，非常可能會成為比我厲害很多、有了不起成就的大人物，有幸在他們年輕的時候有所互動，對我來說也是很寶貴的經歷，因此上這門課我並不想講太多話，而是讓他們彼此交流互動，可能更有啟發性。我當初規劃這門課的動機就是這樣。

「你是誰？」並不是容易回答的問題

新生專題的課程，第一次的作業是「你是誰？」（Who are you?）。學生可能覺得「你是誰？」就是自我介紹嘛，可是說實在的，我覺得這是一項非常困難的作業，因為光是要從什麼角度切入、要怎麼講第一句話，就令人絞盡腦汁。我常用的比喻是切蛋糕，你如何切第一刀，對後續影響很

大。我會請學生附上照片，幫助我記住他們。我也不忘提醒同學仔細思考，你要選擇什麼樣的照片？你希望在他人心目中的形象是什麼？你要如何透過一張照片與寥寥數語來介紹自己？

「自介」只是最簡單的第一項作業，但學生似乎都沒有意識到其細膩之處。通常我在課堂上會花比較多時間，仔細解釋每一份作業的重要性與可能出現的困難之處。特別是大一新生，很多學生是透過徵選入學，自傳早就用了多次，常把相同的內容拿來抄一抄，甚至直接剪貼交差了事。**很多學生沒有意識到，不管是對我或對他們彼此來說，向不認識的人介紹自己，其實是一個重要的里程碑。**

很多年前，有一個醫學系的學生來找我，希望我當他的地下導師。我說：「好啊，麻煩你先寫個自傳給我。」他先是問我：「要寫什麼？」又問：「什麼格式？字數多少？」我都報以「隨便」。學生慌了，他說：「老師，你說隨便，我不會寫啦！」我滿感慨的，不知是否沒有格式，學

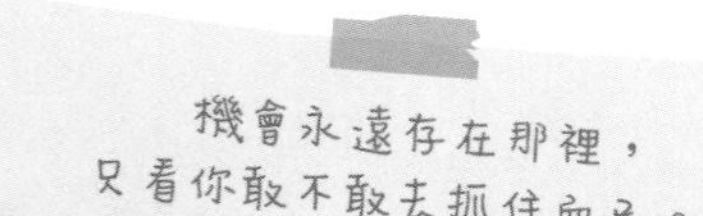

生就不知道怎麼寫作業？我比較喜歡讓學生自由發揮，於是對他說：「我不能告訴你，你自己想辦法。」

這位聰明的學生磨了很久，差不多有一個月吧，還是跟我說：「老師，寫不出來啦！」我說：「加油加油，對不起，這個我不能幫你。自由發揮，隨便你。你愛講什麼就講什麼，你覺得我應該要知道什麼就寫什麼。」又過了兩個星期左右，他終於說：「老師，寫好了。」他寄來的自傳一共兩頁，沒附上任何照片。我的第一印象是：「寫了這麼久，竟然只有兩頁？」但是仔細一讀，文字雖然平鋪直敘，不過字字珠璣啊！我了解到，其實**給學生足夠時間思考，加上適度引導，不要框住他們，其實所有學生都能表達出自己的想法，都可以切中要點，好好表達出他真正想講的事。**

培養受挫的韌性

另外，我從出作業得來另一個體悟：台大許多科系的高材生有一個很重大的共通罩門，即欠缺「失敗後馬上爬起

來」的能力。前幾志願的大學新鮮人，往往沒有意識到自己**進入一個充滿優秀同儕的圈子，這對於自我常常是很大的挑戰**。舉例來說，台大新鮮人入學之後，到期中考之前，多半都過得很開心，充滿了喜悅，可以說每個人都雄心萬丈，滿懷信心要大展鴻圖，眼神充滿了光芒。可是第一次期中考成績出來之後，有人拿到成績頓時傻了，可能落到三、四十名或不及格，不少人因此被擊潰，這也是我一直覺得很可惜的地方。

考進台大頂尖科系的學生，像是我常接觸的電機系或物理系學生，普遍都很會唸書，至少上大學之前是如此，他們往往隨便考一考都是第一、二名，從來沒有考差過。上大學以後，這些學生會遇到一個普遍的挑戰：同班同學都是各方英雄好漢，大學課業比高中的難度高上許多。

很多高中生或許早已在課業方面習慣遭受挫折，但台大頂尖科系的許多學生是高中班上的前幾名，一進入大學發現成績不如預期，他們是沒有心理準備的，因為從小到大沒

有失敗的經驗，也不知道如何從失敗中爬起來。被期中考打趴的同學們，**就算資質再好，一旦沉溺在失敗中太久，就很難培養出受挫的韌性了。**

等到他們升上大二，一直到大四畢業前夕，你會發覺他們眼中的光芒漸漸消失。我曾經問一位優秀的電機系學生：「你本來不是要出國嗎？」他回答：「算了，我還是先留在台灣卡位，當個公務員好了。」當年雄心萬丈的抱負、信心、夢想和遠見，全都萎縮掉了。

這是我非常痛心的事情。所以我希望在「新生專題」引導大一新生花點時間思考，萬一跌倒了，你要如何重新站起來？如何建立真正的自信，不會過度在意別人的眼光？事實上，迷惘和困惑是修業必經的路程，重要的是能夠想辦法分析自己的狀況，採取一些策略再度爬起來，我覺得這是很重要的自省能力。

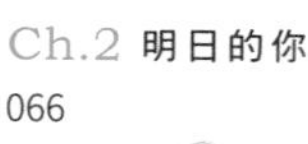

那一年的物理夢

這讓我回想起自己從高中到大學的學習經歷，其實每一段時期都遇到不同的挫折，但是努力爬起重新往前走，倒也關關難過關關過。

我從小對科學研究就很有興趣，儘管並不是非常明確知道自己最適合從事什麼樣的工作，但對於「未知」的事情一直滿有興趣的。**「不知道答案是什麼」，探討這樣的問題需要勇往直前、付出耐心和毅力，才有可能得到答案**，這種身為「先鋒」的概念讓我很著迷。我不大喜歡做一成不變的事情，譬如有些學科或許需要做很多重複確認的工作，我知道自己對那種領域比較沒興趣。但是經歷了台灣體制內的教育，尤其在國小到國中階段，一直有很多考試、自習、考試、自習……無限循環，重複的事情讓我很無奈。

很幸運的是，我高中就讀師大附中，而且高一升高二時開始男女合班，這對我影響很大，讓我從此變得喜歡上

學。以前都是念和尚學校，變成男女合班後，我第一次體會到：「哇！上學原來是一件這麼有趣的事情啊，哈哈！」倒也不是因為有什麼漂亮女生，只是覺得國中時期不間斷的填鴨式讀書考試好煩，氣氛也很沉悶，而師大附中學風開放，同學之間互動活潑頻繁，上課很歡樂，因此高二以後過得開開心心，每天都期待去學校，是我有生以來第一次覺得，原來「和大家一起學習」也可以這麼吸引人！

記得高中的時候，我在學校桌面放了很大一張麻省理工學院的護貝照片，吃便當和寫字時看到就心想：「這是一所非常難進去的學校啊，但總有一天我要去看一看、走一走。」對於麻省理工學院的嚮往，正是我學習的動力。物理、化學、數學固然是我很有興趣的科目，但麻省理工學院則像是一座高不可攀的山，加上鉅額學費，其實我從來不覺得有一天可以真正爬上峰頂。

我從小就想做發明家，感覺發明新事物很酷也很有趣。但話說回來，發明家顯然需要很多天馬行空的創意，我

慢慢長大後，愈來愈了解自己，意識到我其實是個非常缺乏創意的人，要憑空想出新創的事物並不容易。想當發明家的初衷受到打擊，更何況我對自然界的基本道理都還不是很懂啊！感覺應該先了解「萬事萬物的道理」才能做發明家。基於這樣的理由，我中學後的第一志願就一直是物理系。

隨之而來的另一個煩惱是：以我當時念師大附中的成績，應該是考不上物理系的啊！高中聯考結束，我去英國牛津短期遊學，父母拿到成績單之後幫我做落點預測。印象很深刻的是，爸爸打電話來英國說：「你的成績大概可以上台大化學系，志願要怎麼填呢？」

我說：「第一志願幫我填台大物理系吧！」

爸爸很困惑地說：「台大物理系你上不了啦！物理系排第五名，錄取分數比排名第二十的化學系高很多。上不了物理系，你還填什麼？」

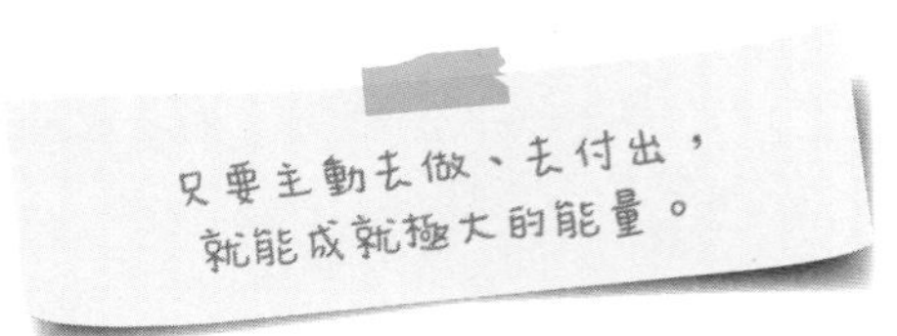

只要主動去做、去付出，
就能成就極大的能量。

但我很堅持：「沒關係，這就是我的第一志願！無論如何，我都要填台大物理系當第一志願。」

意料之中，分數不夠，填了只是要讓自己高興的台大物理系當然上不了，於是我在一九九〇年成為台大化學系的新鮮人。由於轉系是一件很麻煩、很累人的事情，大一時我並不想以轉系為目標，於是用各式各樣的理由說服自己，像是：

「理化理化，物理、化學本一家，先學哪一個沒差，研究所再念物理就好。」

「化學有很多知識，可以先學起來，奠定作為物理的基礎。」

「對啊！先學化學再學物理，這樣很好，甚至可能更好！」

但其實我內心知道，這些只是推託之詞。

念了一個學期的化學系，慢慢發覺化學需要記憶很多基本知識，而我對背誦沒有興趣。我喜歡的是思考。我喜歡物理，因為物理很純粹，很多東西一法通、萬法通，沒有太多例外。尤其大一下學期開始念有機化學，各式各樣的公式和名稱都要強記，而所有規則都有例外，對於喜歡簡單物理之美的我來說，真是背誦得快發瘋了。

我比較喜歡思考怎麼運用物理和數學，針對自然界的現象進行嚴謹的分析和探討。譬如說，現在雨下得好大，學物理的人就會去探討，到底什麼叫做「大」？多大叫做大？能不能用量化的概念進行精準的分析？要能精確表達一小時下了幾毫升的水量，而不是只說：「啊，雨下得好大。」我深切覺得物理才是我的最愛，趁大一上學期成績還不錯，在大二順利轉入物理系。

學習謙卑，接受真實的自己

進入物理系後，一如預期地，由於一下子跳到聯考排名前五名的科系，我的程度與同學有明顯的落差。物理系每科總分常常超過一百分，全班的平均分數大約三、四十分，我則是落在二十幾分，遠低於全班的平均成績。然而，班上總是有些同學可以考到九十九分、一百分，甚至超過一百分。面對那些「神級」人物，我根本望塵莫及，他們是用來膜拜的，同班同學寫作業都需要跟他們討教。

打從一開始學物理，我就知道自己距離真正的物理學家還差得很遠。我的成績一直落在中後段班，記得期中考和期末考，看同學們都輕輕鬆鬆，我卻總是需要去拜託教授再多給我一、兩分，以免被當掉，與大一相比簡直天差地遠。我想，那段經歷很大程度鍛鍊了我的心志。

我從小便很清楚知道，在學習方面，我不是第一流的人物，頂多算是第二流。即便再怎麼努力，有些人的理解力

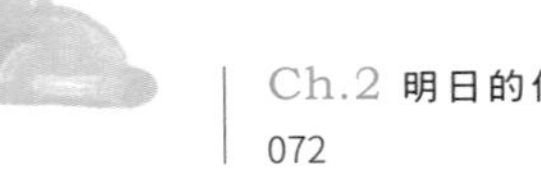

就是比我強，成績就是比我好上一大截。從小到大，我很少拿第一名，有前五名就很不錯了。第一次遇到挫折，很容易委靡消沉，可是到了第二次、第三次、第四次，有了經驗也習慣以後，就比較容易面對挫敗。我常跟學生分享，**「認識了許多在很多方面都比我傑出的優秀同學，讓我學習謙卑，因為我知道總是有人比我優秀，能夠接受這樣的自己，真的是人生中很重要的功課。**

歷經化學系轉到物理系之後成績低落的挫敗，我再次面對的挫敗，則是大學畢業後申請國外研究所的過程。物理學畢竟不是一門職業導向的學科，因此到了大學畢業前夕，同學們紛紛對於未來的出路感到困惑。不只物理系的學生如此，各科系的朋友也都得開始思考：未來要做什麼？以後該走哪一行？其實呢，我在心裡默默同情那些感到迷惘的同學，因為我沒有這方面的問題；這麼重要的問題，我早就想清楚啦！我，曾雪峰，將來就是要繼續念物理！而且大學一畢業就要出國，我心中一直非常確定這條路。

可惜，我的物理夢並沒有馬上就實現。從升上大四開始，申請學校就不斷碰壁。

我記得第一年我申請了十六間學校，十五間都拒絕我。沒有拒絕我的那一間不是錄取我，而是沒有消息。我鼓起勇氣打電話去，對方說：「什麼？我們早就拒絕你啦！你沒收到信嗎？」一九九四年，我從台大物理系畢業，第一年申請十六間大學全軍覆沒，即便當時的我已經習慣挫折，但打擊還是很大，感覺好像聯考連續十六年都落榜般的難過，但也只能摸摸鼻子，再接再厲。

我選擇先到國家同步輻射研究中心擔任研究助理，學習同步輻射及超高真空系統的技術，並協助成立一個新的X光實驗室。當時的老闆是德國女科學家柯陸詩（Ruth Klauser），對我多有啟發。對我來說，她是一位亦師亦友的長輩，直到今日，我與她和夫婿莊東榮教授仍保持聯絡。

誠實面對自己的弱點

一九九五年，我終於申請到極難進入的芝加哥大學物理研究所，準備攻讀博士學位。據說在學校的馬路上經常可以遇到諾貝爾獎得主。

芝加哥大學有個傳統，常常邀請諾貝爾物理學獎得主或候選人到校演講。這是我們學校的一大盛事，各科系學生和教授齊聚一堂，親炙大師風采。當時物理所同學對聽講很有興趣，每每邀我趕緊去大堂占位置。但這種演講其實我都聽不懂，常常剛開始三、五分鐘就睡著了。演講結束，熱烈響起的掌聲把我驚醒，我才睡眼惺忪地跟著一起拍手，讓我不禁思考，同學們總是興高采烈、眉飛色舞地談論演說的內容，我卻每次都從頭睡到尾，我是真心喜歡物理嗎？我算是「物理人」嗎？帶著這樣的思索，我勉強修完了物理課程。

修完所有課程後，需要通過非常困難的博士資格考。芝加哥大學物理所的博士資格考是出了名的難考，連續考

誠實，
是面對自己最好的方式。

三天，一天六小時，總計考十八小時，出題範圍就是「物理」：萬事萬物的道理，這範圍簡直就是沒有範圍。約莫三分之一到二分之一的學生會被刷掉，我覺得壓力很大，彷彿面前聳立一堵很高的牆。要是念不下去只好打包回家，這真是超級丟臉的結果。我明知程度不好，但也只能咬牙背水一戰了。

芝加哥大學物理所一向排行全美前十名，上榜時我很開心，直呼：「哇！沒想到有一天我也能躋身名校！」全班十二個人，全都來自赫赫有名的大學，像是美國哈佛大學、麻省理工學院、史丹佛大學等。除了我以外，各個都是大神等級的人物。如果這樣的學生陣容，教授還得刷掉大約二分之一的學生，怎麼說都應該是我被刷掉啊！本來覺得念名校是一件非常開心、非常光榮的事，可是突然發覺，怎麼會把自己逼進一條絕路呢？我很憂愁地反省，覺得自己犯了嚴重的錯誤，「我根本不該與這些強人並列啊！眼前這堵牆是過不去的，我怎麼與這些大神競爭呢？我只是一個凡人啊……」從國中以後，我已經很習慣名次在班上並不是名列

前茅，但出國念名校卻念不下去，被退學趕回台灣，我再也想不出比這更丟臉的事！

當時距離博士資格考只剩三個月左右，時間有限，於是我把所有時間都優先拿來準備考試。我發揮自律精神，每天清晨起來到圖書館唸書，直到下午四點，去體育館運動，流一身大汗，返家洗澡、煮飯、吃飯、睡覺，就這樣日復一日，堅持苦讀一整天。那時連吃飯上廁所都在唸書，只有晚飯後小歇十七分鐘。為什麼是十七分鐘呢？因為我嘗試過各種小睡時間長度，五分鐘、六分鐘、七分鐘、十一分鐘……十七分鐘剛剛好。睡太少，沒有休息到，睡太多，我又起不來；但我也發覺小睡十七分鐘後有起床氣，於是走路去學校十分鐘，吹吹風，心情就會回復了。這段寒窗（真的是零下四十度）苦讀的日子，淬鍊我精用時間，也幫助我了解自己。

儘管已經每一分鐘都拿來唸書，還是有很多地方不懂，做學問的時間遠遠不夠。就這樣，一如預料，第一次資

格考沒過，接下來只剩一次機會，時間是在半年後。其實我是非常容易緊張的人，比如高中聯考時肚子整天絞痛，使得數學完全考砸。而不用說，第二次博士資格考完全沒有退路，本來應該是壓力爆棚，但是在這樣強大的壓力下，說也奇妙，我卻釋懷了……我自問已無法更盡心盡力，如果還考不過，那也沒辦法，只好認了，隨它去吧（let it go）。可能正因這樣的轉念，人生第一次我終於能輕鬆應考，結果不但順利通過資格考，而且據助教說，是以超出兩個標準差的相當高分通過（passed with flying colors）。

透過自我檢視，誠實面對自己的弱項，想法子改進，懂得放手減輕心理負擔，是那次資格考最大的收穫。那次經驗也帶給我一些自信，讓我從凡人進化，終於可以跟我心目中的大神們平起平坐了。

全力以赴做好一件事

我現在於台大開設的課程，會要求學生「挑戰一個不

可能的任務」，好好思考該如何規劃？怎麼樣在各種限制下能夠全力以赴？我會問學生，你的人生中有沒有一件事曾經全力以赴、鞠躬盡瘁，即使重來一次也對得起自己，能夠很大聲地說「我沒有辦法更努力了」，自認是你最極致的表現？對我來說，通過芝加哥大學博士資格考的這個經驗給我很大的鼓勵，讓我不再懼怕未來可能遇到的困難或挑戰，**我相信自己可以全力以赴好好做一件事，無論成敗都能釋懷。這點也對我接下來迎來人生最大的變故有很大幫助。**

在「新生專題」課堂上，我也常以自己為例，對學生說，你們覺得和同學相比壓力很大，不過你能想像我的同儕壓力嗎？台大學生固然優秀，台大電機系的教授們更加都是三頭六臂，我和這群厲害的同事們需要拚升等、拚在好的期刊發表論文。我記得擔任助理教授時，剛發表一篇論文，刊登在著名的期刊上，正高興得準備分享，不料跟我同期進來的同事馬上輕描淡寫地回我：「是啊！我也有一篇剛剛登出來！」在這麼多優秀學生、優秀同事的環繞之下，我實在得意不起來，照理來說每天都該有挫敗感。若是因此就覺得比

遇到挫折，轉念找到另一條路，
也是一種人生的歷練。

不上別人、「爬不起來」，我豈不是每天都活得很累很辛苦？因此，立定目標、堅持達成固然重要，不過一旦遇到挫折，能夠轉念找到另一條路，想辦法讓自己開竅，更是另一種重要的人生歷練。

我的新生專題和其他通識課程，會出一些作業讓學生加強軟實力，像是培養韌性、接受挫折、受挫後爬起來的能力等等。我希望學生好好思考，如果想做的事情最終沒有成功，甚至徹底失敗，對你有什麼影響？你會如何因應？我曾給學生一份名為「預先檢討書」的作業，請學生預測下次期中、期末考的成績，預測可能有哪些科目會考砸？根本的問題到底是什麼？真的沒有「有效的方法」能夠克服嗎？如果能夠事先預料到失敗的可能性，或許就能及早準備因應，說不定有機會逆轉勝，倘若真的失敗了，挫折感可能也不至於那麼強烈吧。

Ch.
3

做學生的朋友

傾聽年輕人的聲音

「要不要做我的地下導生？」

自從第一次辦完「未來晚會」後，為了讓日後參與的成員背景能夠更多元，我開始廣收「地下導生」。大部分的地下導生是我其他課堂裡的學生，比如接受共同教育中心邀請開設的「新生專題」，或者另一個人數眾多的通識課「現代科技與人類文明」；為了這類大班的課程，我還曾經規劃一項教學改進計畫，希望選修課程的眾多學生之間能有很多互動。為了認識更多不同背景的學生，一看到想法滿有意思的人，我就主動上前詢問：「你要不要來做我的地下導生？不用盡什麼義務，只是我偶爾會出作業給你，想不想做作業隨便你。另外，我偶爾會請你吃飯，或者邀請你來參加活動，你可以自由參加。」

台灣的導生、導師制度常常流於形式，往往由老師請學生吃頓飯而已，也讓學生覺得老師請吃飯是應該的。不過對地下導生來說，我並沒有義務要請他們吃飯，所以學生會抱著感恩和尊重的心情，特別珍惜這樣相聚的機會。我平常

和他們吃飯，不會講什麼大道理，多半是聊他們想聊的事情，我只是聽他們講；就這方面來說，我在西北大學電機所的指導教授艾倫．泰福勒（Allen Taflove）對我影響很大，他曾無數次獲選「優良導師」（Excellence in Mentoring）。

我大概每週跟泰福勒教授碰面一次，討論我的研究。有一回，我們約好下午兩點碰面討論，過沒多久，突然有一通電話打來，原來是一位大學部學生考試考砸了，心情很差，想要找老師訴苦。我的指導教授接起電話，對著電話另一頭的學生輕聲說：「你慢慢說，我會仔細聽你講。」我們正在進行的學術討論被迫中斷，過了一、二十分鐘，他仍沒有要掛斷電話的意思，讓我留下很深刻的印象。他對大學部學生簡直是推心置腹，常要他們別客氣，有什麼問題儘管對老師說。我後來花很多時間在年輕學子身上，正是受到泰福勒教授的啟發。

勇於發問的「問題兒童」

我從二〇〇六年開始教書，到二〇一三、二〇一四年這段期間，經常跟學生吃飯。我太太甚至笑說，我每天三餐都與學生相約吃飯！我的想法是，我想觀摩台大學生思考問題的方式，因此很謝謝學生與我分享他們的想法，遇到困難又是怎麼克服。學生遇到問題，我多半只是陪伴他們聊一聊，傾聽他們的想法，不敢隨便給建議，生怕自己講錯什麼話，造成不好的影響，害他們的發展不如原本的精采，那就罪過了。大多時候我都是傾聽，如果想到有一些話可以跟他們講，也會先自我反思，這番話如果套用在我自己身上是不是也適用。

與這些「年輕版」的未來優秀大人物相處，我不確定自己給他們的幫助比較大，還是他們讓我的收穫比較大。我並不是謙虛，而是真心這樣覺得。學生願意與我分享，我由衷感謝。台大有許多特別的學生，與他們近距離接觸，我才知道原來他們是怎麼樣看待事情的，等到我有了自己的孩

子，也會知道他可能怎麼想。

除了與學生的相處採取「傾聽」的做法，我上課還有個很大的特點，就是非常鼓勵同學發問，希望他們透過「發問」的方式，培養主動發表意見、挑戰既定框架的勇氣。台灣的孩子大多接受體制內的教育，從小就常聽到大人強調「乖乖坐好」、「手不要亂摸」、「不要亂問問題」等等，齊頭式的教育現場或許比較容易管理，但是讓孩子從小就不敢顯得與眾不同，壓抑了每個人不同的特質，也造成台灣學生不太擅長問問題。其實我一直不太能理解這種邏輯，可能因為我在美國接受啟蒙教育，比較支持美式教育強調多方探索的理念，鼓勵孩子自由發展。

還記得小時候，我和弟弟剛回台灣不久，到父母的朋友家裡做客，完全不覺得「別人家裡」不能到處亂跑或隨便鑽到桌子底下，而是盡情「多方探索」。我記得爸爸的學生曾說：「這是從哪裡來的美國野孩子啊？」那時我很驚訝，沒想到台灣人是這樣形容我們的，雖然年紀還小，但也開始

知道原來在台灣不能這樣，要改變自己去適應不同的環境。這可以說是我的「本土化」初體驗。

不過呢，我很感激爸爸非常重視「問問題」的能力，沒有因為我們回到台灣就改變他對教育的看法。在我印象中，從國小一、二年級開始，每天放學之後，爸爸都會問我和弟弟：「你們今天在學校有沒有問問題呢？」或許其他父母只要求孩子乖乖的、成績優異就好，至少我從來沒聽過同學或朋友的家長要求他們發問，但爸爸要求我們「每堂課一定至少要問一個問題」。爸爸灌輸我們「求知若渴、不恥下問」的觀念，所以我和弟弟從小就習慣發問，但發問在台灣是「找碴」的行為，以致被班上老師視為「問題兒童」。

長大之後，我漸漸發覺問問題是需要練習的，因為我發現很多同學沒辦法把自己的問題描述得很清楚；更嚴重的是，大部分的台灣小朋友是沒有勇氣提問的，同學都很怕問問題會被老師罵。面對這種狀況，爸爸會告訴我：「老師以前也曾經當過學生啊，有什麼好怕的？問問題有這麼難嗎？

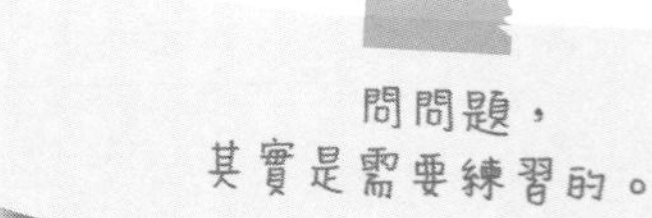

你就開口問啊！不懂就要問，問到懂為止！」

我在台灣的大學教書，發現不敢問問題的現象屢見不鮮，直到今天都還是如此。我以前在美國當助教時，美國的學生不僅愛發問，人人也都勇於發表自己的意見。我很幸運，爸爸不斷鼓勵我們挑戰權威，教我們不要懼怕老師，對老師不需要「唯命是從」，對我來講這是很重要的學習基礎。

十秒鐘的勇氣

說到「不恥下問」，我有個理論是「十秒鐘的勇氣」。

研究生第一次參加研討會，通常是跟同門的實驗室學長姊一起去，不過我的第一次經驗還滿特別的，僅僅聽聞「高登研討會」的大名就單槍匹馬前往，一個人都不認識。其他與會者似乎或多或少都彼此認識，不是受邀前往，就是整個實驗團隊集體參加，很少人是自行報名。其實參加研討

會的人數不是很多，但眼看我已經來了三、四天，卻沒能講上什麼話，一直無法融入大家的話題，於是強迫自己一定要讓與會者認識我。我心想，既然都花錢來到這難得的地方，而且待上整整一個星期，如果什麼目標都沒達到就回去，船過水無痕，實在是太不值得了。於是，我決定從發問開始。

會議地點是一個很大的講堂，台上的講者是來自義大利的女科學家，講題是關於生物細胞的光學特性。我舉手發問：「您好，我是西北大學的 Snow Tseng，謝謝您深入淺出的演講！請問您為什麼拿細胞的光學特性與『米氏理論』（Mie Theory）作比較？」基本上，米氏理論是一個「正球體」光學特性的數值解，我不了解為什麼用正球體與細胞核作比較？細胞核歪歪扭扭、凹凸不平，根本不是個正球體，兩者當然會有不一樣的光學性質，怎麼能相提並論呢？

我記得話一說完，整個講堂一百多人頓時哄堂大笑，印象中從未聽過如此大的笑聲迴盪在會場裡。令人難堪的笑聲不知持續了多久，終於慢慢止歇，這是我第一次深切體會

到「想找個地洞鑽進去」的心情。台上那位女士給了我一個淺淺的微笑，說道：「Because that's the only theory we have.」（因為這是我們唯一有的理論。）儘管圓形、球形的理論與細胞核凹凸不平的情況應該很不一樣，但沒辦法，就算正球體不是最好的解法，但這是目前唯一能用的理論，大家似乎也很能接受。他們大概覺得，怎麼會有人問這麼蠢的問題？這方面的研究，向來都是拿「米氏理論」來作比較的啊。

生醫光學領域一直以來都用米氏理論，由於行之有年，大家早已忽略這麼做到底合不合理？準不準確？然而，我的物理背景對此抱持著很大的問號。我深深覺得，需要探討的應該是真實的現象，而不是以「差不多是正球體」模糊帶過，不該再用人們習慣的近似解吧？

有鑑於此，我更篤定我的研究「 嚴謹精確的光學模擬」是有發展潛力的。於是我補上一句：「我們現在已經有嚴謹的方法，可以用電腦模擬來精確探索這個問題，不需要再做這麼粗糙的近似解了。」台上台下的人一聽到，紛紛驚

訝地互相詢問：「有嗎？是這樣嗎？現在已經可以做真確的模擬了嗎？」我趁勢說：「有的！我的海報正是介紹這個方法，如果大家有興趣，歡迎來看看我的海報，我可以介紹給各位。」

坦白說，在公眾場合提問的壓力有如山大，尤其那時整場哄堂大笑，想想應該是我人生中最糗的一次，但我趁機把自己的研究介紹出去了。

雖然遭到大家的嘲笑，但這和「白走一遭、一無所獲」比起來根本不算什麼，我可不希望自己離開研討會之後覺得錯過學習的機會，所以要笑就笑吧！於是，每一場演講我都把握機會發問。我告訴自己：「**只需要強迫自己舉起手，維持十秒鐘，有機會讓別人看見，就可以了。**」

現在我常提醒學生，第一次提問總是很困難，尤其在盛大的場合公開提問更是特別困難，但關鍵其實不是別人會不會笑你，而是你自己敢不敢發問。在公開場合舉手發問，

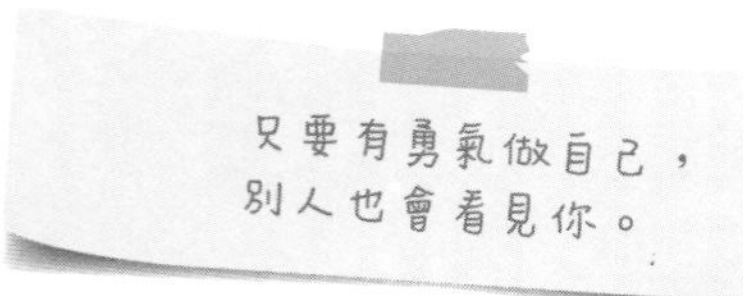

對大部分人來說都會全身不自在，因為你沒自信，也不習慣這麼做。但其實只需要十秒鐘的勇氣，只要克服剛開始的那一剎那，強迫自己舉起手就行了。我對學生說：「努力撐住你的手，維持十秒鐘。」萬一被點到也就不得不講。接下來，一旦進入學術討論模式，我相信你就可以不用顧及別人的眼光了。

主動出擊爭取機會

我剛開始去參加國際研討會時，由於半個人都不認識，十分害羞，可是強迫自己舉手發問幾次之後，發現大家好像也沒那麼可怕嘛！如今台灣學生有很多機會參與國際學術交流，但大多數人仍不敢放膽開口，也沒有自信能說出想說的話。事實上，在國際學術研討會上與其他人寒暄、握手、討論學術發現，是很好的社交場合，因此我鼓勵學生要積極一點，要設定目標來操練自己。比如可以主動說：「您好！我從台灣來，我對某某議題有些看法，您覺得呢？」在國際性的場合上，這是很普通的意見交換與價值觀分享，只

要你願意主動講話，就可以打開一扇扇意想不到的門。

其實也不完全是語言的關係，我覺得大部分理工科系的學者都很怕生，會主動與陌生人攀談的人其實少之又少。我記得有一次去參加一場餐敘，我們這一桌大家互不認識，吃飯時靜悄悄一片。我相當喜歡炒熱氣氛，實在難捱沉默，於是招呼大家：「欸，大家好，我是曾雪峰 Snow！我們來簡單自我介紹一下！」如此一來，整桌常常就熱絡起來了。

話說回來，當年我提問而引發眾人哄堂大笑之後，接著又在其他幾場演講提問了好多次，因而大家記得我就是「一開始問蠢問題的那個研究生」。但是遭到嘲笑又何妨？很多人開始找我談研究，吃飯或閒聊時都會說：「Oh! You're Snow! 」你就是那個發問的曾雪峰！開始有人關注我，還特地跑來看我的海報，於是我有機會簡單介紹一下自己的研究，就是用數值方法模擬複雜生物細胞的光學特性。

我想，因為在研討會上的表現，我在國際上的能見度

因此打開，後來加州大學爾灣分校醫學中心的「貝克曼雷射醫療研究所」（Beckman Laser Institute & Medical Clinic）邀請我與他們交流，甚至想延攬我去工作，可惜後來我決定回台灣，但一直與他們保持聯繫。這個機構做了許多光學應用在生物醫療方面的先驅研究，我因為有物理背景，較偏重理論方面，而貝克曼有許多學者進行實際的生物醫學實驗，彼此可以合作研究。後來在二〇〇九年，科技部的國際科技合作與人才交流計畫獎助我去貝克曼進修，同年我也去加州理工學院做訪問學者。二〇二〇年，我又應邀到貝克曼擔任訪問學者，能和世界頂尖的學者進行跨領域的合作是我的榮幸。

因此，我相信**只要有勇氣做自己，別人也會看見你。**主動上前找人談話看似很難，尤其對方是外國人好像更難，但其實你只要鼓起「十秒鐘的勇氣」，強迫自己舉手或開口講第一句話，一旦有了起頭，再來對方接話，隨後開啟對話和問問題，雙方就會自然而然進行溝通。選擇不和人互動，反而會有種失落感呢！遇到人很多又語言不通的場合，感覺

好像很可怕，其實可以預設你想要達到的目標，鼓勵自己把握機會，努力嘗試、挑戰；萬一失敗，回來之後再針對失敗的狀況加強練習。雖然不一定會百分之百成功，但可以更接近我們想要達成的目標。

以生命影響生命

我回到台大教書，陪伴學生突破困境、成長茁壯，其實有很多位同事是令我佩服的人生導師（life mentor），像是電機系的李建模、葉丙成，環工所已退休的張文亮，機械系的楊申語等等幾位老師。由於這些好老師無私的陪伴分享，有無數的學生得以克服人生的困難與挫折，重新擦乾淚水，勇敢站起來，堅強向前走。我向這些老師學習，以他們為榜樣。

這幾年我陸續獲得教育部頒發的全國友善校園傑出輔導獎、生命教育績優人員、師鐸獎等等，這是我一開始當教授時始料未及的。獲得這些獎項對我是很大的鼓勵，也提醒

人生往哪裡走沒有標準答案，
而且答案時時會變化。

我要以更加戰戰兢兢的態度，面對身邊這些具有無限潛力、人生充滿各種可能性的學生。

常有人問我，為何可以得到教育部許多獎項？尤其是要輔導桀驁不馴的台大學生，你有什麼秘訣？其實我抱持著一貫的態度，不會主動對學生灌輸什麼大道理，就像我的第一屆導生說的：「Snow 常跟我們聊一聊，但不會跟我們講一些大道理，他只是聽我們講，做我們的朋友，傾聽我們的聲音。」我會出一堆奇怪的作業，辦一些奇怪的活動，有學生說，這些作業幫助他們聽到了自己的聲音，理解自己想要什麼。

我看著大學部的學生，心裡常常想著，我當年求學時有比他們努力、做事比他們認真嗎？好像沒有。這些學生在台大的學習經驗比我當年精采得多，未來的發展絕對比我更厲害。在椰林大道上，舉目所見經過你身邊的人們，未來都可能成為檯面上叱吒風雲的人物，由統計數字來看也確實如此。我上課會向學生舉例，你們轉頭看看左邊那位同學，再

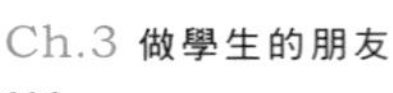

轉頭看看右邊的同學，對，就是看起來不太起眼的兩位，他們可能就是未來的賈伯斯、郭台銘，甚至總統、副總統。

我獲頒教育界的一些獎項，其實只是學習前輩們「以生命影響生命」的榜樣。期盼有更多默默付出的老師也能獲獎，得到鼓勵。我身為老師，與學生的生命產生交會，一起笑一起哭一起成長，何其幸運。

Feel privileged. Let our light shine. 我很幸運，能成為學生的人生旅途上一盞「祝福的明燈」。

Ch.
4

人生的意外風景

一場噩夢帶來的深刻體悟

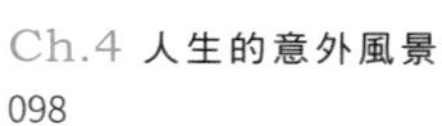

十萬分之一的機率

我曾經遇到一些學生健康狀況不佳，得到難以治癒的疾病，大好前途遭逢巨變，不免對未來感到茫然，心情非常沮喪。他們跟我一聊，才知道原來我生過病。其實關於我的親身經歷、過去那些失意痛苦的事情，除非學生問到，否則我不會主動提起。但我很感謝生了那場病，讓我體悟到很多以前無法體會的事情。也因為這個疾病，讓一些學生願意找我好好聊一聊，也許我可以安慰到某些人，提供他們一點幫助。

生病以前，我是個無憂無慮、不知人間疾苦的人。

二十六歲之前，我覺得自己什麼都不是，是個沒什麼想法的人。然而，我的人生在二十六歲有了重大轉變，漫長的病床歲月，讓我開始思考許多以前從未想過的事情。

我在芝加哥大學攻讀物理學博士學位的第二年，有一

天，右耳突然聽不清楚。一開始，我並沒有感到很可怕，因為以前也發生過一次。大學一年級時，我有一邊耳朵忽然聽不清楚，經過檢查，竟是耳垢太大，把耳朵塞住了。我心想，這次可能又是類似的狀況吧。然而，我心裡隱約又覺得好像不大一樣，感覺不像耳朵被塞住，而是有一種發自深處的嗡嗡響聲，持續不斷的噪音產生耳鳴，讓我深受困擾。

當時在美國的我還很年輕，沒有什麼就醫的經驗。留學生如果生病真的很麻煩，需要先看家庭醫師，而且必須先預約，不能隨到隨看，要經過家庭醫師評估後，再轉診給專科醫師，這中間可能又得等上好一段時間。總而言之，經過漫長等待，我後來轉診到芝加哥大學醫學中心的腦神經外科，主治醫師說：「你有十萬分之一的機率可能是得腦瘤，但我想你這樣應該不是。」他先讓我做了基本的聽力測驗，然後吃一些藥、服用類固醇，大約兩週之後再次測驗。他說，看我這樣的反應，大概不是腦瘤，可能是感染了細菌或病毒而導致失聰。

我每學期要繳八百美元的保險費，卻從未生病理賠過，覺得未免太可惜，應該要使用一下。我知道有種醫學影像技術叫「MRI」（磁振造影），說實在的，當時我不曉得那到底是什麼，只知道照一次很貴很貴。我問醫師，可不可以照昂貴的MRI試試看？醫師覺得沒有必要，但因為我的情形光是吃藥一直沒有改善，醫師終於答應：「你如果想照，我們就照。」醫院幫我排定兩、三週之後照 MRI。

照完之後回診，那一次等醫師等了很久，大家都下班了，我還沒有看到醫師。最後他一見到我，就給我一個大大的笑容，說道：「是的！你中獎了！你的腦中有一顆瘤，與高爾夫球一樣大。」原先他認為不可能的事情，十萬分之一的機率，偏偏我的聽神經真的長了腦瘤。

老實說，醫院告知診斷的當下，我沒有什麼真實感。在當時，我對醫療相關的英文不是很熟悉，聽不太懂醫師在講什麼，他也沒有仔細說明。片子照完之後到底該怎麼辦？接下來怎麼治療？會有什麼樣的危險？我一概不知，也不記

得醫師提供的任何建議。後來回想，他應該是試著告訴我，雖然芝加哥大學醫學中心不算是治療我這種「聽神經瘤」方面的權威，但也是一間很棒的醫院。醫師的意思大致是說：「沒問題，就交給我們吧！」我當時真心相信，接下來在學校醫院開完刀就會沒事，於是當天就直接回家睡覺了。

隔天早上七點，我母親認識的一位鍾醫師打電話給我，他是在芝加哥附近開業的耳鼻喉科醫師。我心想，這麼早，什麼事啊？他二話不說，要我叫父母從台灣趕來。「對，打電話叫你爸爸媽媽他們來！還有，你弟弟在哪裡？也打電話叫他過來。你以為這是開盲腸的小手術嗎？不是，這是一個非常大的手術，開這種刀是有生命危險的！」為了讓我比較容易明白，他用了一個比喻：「你的頭蓋骨就像是一堵水泥牆，裡頭有個像氣球一樣的東西不斷長大，這顆腫瘤已經壓迫到你的腦幹，你有生命危險，需要盡快處理！」

這下子我才意識到事情的嚴重性。鍾醫師認為芝加哥大學醫學中心雖是不錯的醫院，但不是專門開這種刀的地

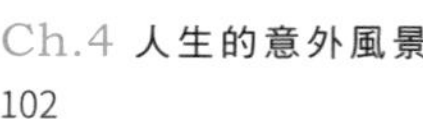

方，他另外幫我找了維特醫師（Dr. Richard Wiet），他是聽神經瘤的外科專家，在西北大學醫院執業，而當時我並不知道西北大學未來會成為我的母校。

我只不過是聽力有點不清楚，並沒有其他任何不適，才看了一、兩次醫師，突然就被迫接受自己長了腦瘤，而且有生命危險，必須立即動刀？感覺有點不真實。會不會那根本就不是我的片子？也許是拿錯，或者照錯了？我處於否認的情緒之中，不死心又問醫師，能不能再照一次 MRI？但想也知道不大可能，因為當時磁振造影掃描一次的費用是兩千五百美元，而且要排隊一個月之久。

很神奇的事情發生了。某天，芝加哥大學醫學中心突然打電話把我從夢中吵醒，說是要測試一種新的顯影劑，問我願不願意擔任受試者，再拍一次 MRI？就在我滿心無法接受自己罹患腦瘤之際，醫院表示願意再幫我照一次MRI，而且是免費的。天啊，怎麼會有這麼好的事情？老天爺或許知道我很頑固，我不信，祂就特地應允我的心願，送

了我第二次照 MRI 的機會。我問對方，片子照出來，可以給我一份嗎？「當然沒問題啊！」

第二次的片子真真實實地說服我，真的有顆雞蛋大的腦瘤在我的腦袋裡，真的需要開刀解決。畢竟接連兩次拿錯片子的機率好像不大？我只好認了。突然在短短兩個禮拜之間，我被診斷出腦瘤，而且安排要開大刀，眼看留學生的規律生活就要翻天覆地改變了！而且，醫師說這是相當危險的手術，由十個人的醫療團隊組成，預計開刀要花十個小時。頓時，我覺得自己好像踏上了一條不歸路。

噩夢的開端

手術排定在五月十三日，這天剛好是我弟弟生日，他當時就讀杜克大學，正要獲得電腦工程碩士，急急忙忙從北卡羅來納州趕過來，我父母也遠從台灣飛抵芝加哥。若是在台灣開刀，家人可以徹夜睡在你的病床旁邊，可是美國的病房文化與台灣不大一樣，不讓家屬在病房過夜，也沒有可供

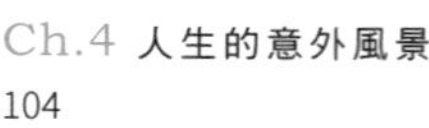

休息的地方。開刀前一晚，我一個人待在病房，內心頗為懼怕，很擔心有什麼萬一。我會死嗎？會有後遺症嗎？醫師並沒有講很多，但記得他要我有心理準備，這次手術可能會傷及顏面神經，右半部的臉會垮掉。此外，眼睛有可能無法閉合而乾枯，必要時只好摘除，或是把眼睛縫合起來。那些駭人的後遺症害我左思右想，夜不成眠，感到孤單又徬徨。

手術果然很困難，連續開刀約莫十小時，我的家人在病房外焦慮等待，最終取出一個直徑約四公分大小的神經瘤。從手術房推出來之後，我一直拚命眨眼睛，生怕眼睛閉不起來，幸而雖不大容易眨眼，但至少可以閉合。儘管眼睛無礙，我的右耳卻從此失聰了，笑起來左右顏面也不對稱。

事後回想，這一次手術，與我後來回到台灣所經歷的事情比起來，實在是小巫見大巫。這是噩夢的最開端而已，真正可怕的事情還在後面。

在美國，就算是很大的手術，住院時間也沒有像台灣

那麼長。當年在芝加哥，我開完刀沒多久便返家，但後來因為併發症，多次掛急診入院 。開刀之後，一直有澄清透明的無色液體不斷從我鼻子滴下來。我知道它跟鼻涕不大一樣，鼻涕通常會慢慢流下來，而且可以倒吸回去，但這種液體絲毫沒有黏著力，直接往下滴，完全擋不住。我隱約覺得這種鼻涕有點奇怪，後來做了一些檢查，醫師說，這是你的腦脊髓液（Cerebrospinal fluid, CSF）。

我們的大腦是非常乾淨的無菌環境，與外面是不相通的。一想到我的腦脊髓液可以直接從鼻子滴出來，心裡有種莫名的恐懼感，這意味著空氣和細菌都可以直接通到我的腦子裡面去了，不是嗎？醫師也覺得不妙，腦脊髓液滲漏是很大的問題，於是趕緊動了第二次手術，將耳朵與鼻子聯通的這個漏洞，用我肚子上的肉填補起來。

第二次手術後的一、兩天，醫師對我投以抗黴菌的藥物，但不知是否劑量算錯（似乎是台灣醫院用量的幾十倍），點滴打進去之後，我出現強烈的癲癇反應，全身在床

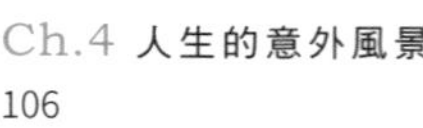

上劇烈彈跳，不斷發抖。我記得病房中只有我一人，一邊抽搐一邊按鈴呼叫，但始終沒人來，心裡感到巨大的孤寂與無助。過了大半天，一名護士終於現身，她見狀頻頻向我道歉，拚命解釋她誤以為是之前呼叫的鈴聲沒有取消，才沒有馬上過來。

經過這番劇烈抖動，原先修補好的地方又破裂了，鼻子再次開始滴水。醫師說，我的併發症是他遇過最難纏的，他開了四百多例相同的手術，從未遇到這麼麻煩的狀況。後來我又動了幾次手術反覆修補，從肚子上挖肉，再由耳後開顱，把腦袋與鼻子相通的漏洞補好。除了頭部，我身上也布滿各種挖肉補瘡和埋管路的傷痕。

原以為這樣應該處理好，不會再滲漏了，但更多問題接踵而來。

誤診成為人生轉捩點

出院沒多久，我開始不明原因發燒（Fever of Unknown Origin, FUO）。早上起來體溫正常，到了下午開始發燒，晚上入睡時體溫又降下去，每天都如此反覆發燒、退燒，不知道問題出在哪裡。我深刻體會到生命的脆弱，雖然表面看似沒有什麼嚴重病痛，不過就是奇怪的發燒，但顯然是我的腦袋裡面出了問題，一思及此，我心底不禁生起一股涼意。這種明明知道有問題，但是無法處理的情形，最為無奈。

醫療團隊說：「我們不知道問題出在哪裡，真抱歉，可能要請你另請高明。」美國的醫師勇於承認自己的不足，這點讓我非常佩服。於是，他們把我轉診去西北大學的另一個醫療團隊，重新再做各式各樣的檢查，專科醫師能想到的所有檢查都做過一次，結果很遺憾，這個團隊也說不知道問題出在哪裡。

這時來到我生命的一個轉捩點，當時的醫師團隊建議

我去看列維醫師（Dr. Levy），他是知名的感染科醫師，很難掛到號，但是當天下午正好有二十分鐘的空檔。這位名醫推測，我可能是屬於「非細菌性」腦膜炎，於是開立了很重的類固醇處方。如果我的情況真的是非細菌性腦膜炎，也許使用類固醇會有效果，但世事難料啊，其實我真的是受到細菌的感染，應該要使用抗生素的。服用了大量的類固醇後，我身體的免疫功能遭到壓制，以致我的腦部變得像是「培養皿」，細菌在裡面肆無忌憚地生長，感染狀況變得更嚴重，甚至還感染到腦幹去了。

等到釐清這個事實之後，我始終不能諒解列維醫師，若非他倉卒決定，我往後的日子或許不會那麼悲慘。過了許多年，我才慢慢釋懷，他在當時作了身為醫師覺得最好的決定，盡其所能幫助我，儘管後來證明診斷也許不正確，但他的出發點是好的。回想起來，他的確是一位很誠懇的醫師，換作是我，基於專業判斷，可能也會提出同樣的建議，實在沒什麼理由怪罪他。

另一場無盡的夢魘

在芝加哥，我前後動了三次腦部手術，美國的醫師始終無法根治我的感染，反覆使用各種抗生素都無效。我身高近一百八十公分，卻幾乎無法行走。當時我媽媽已赴美陪伴我好幾個月，個子嬌小的她身心俱疲，美國又開始下雪了，連上車出門看診都很困難，於是媽媽決定把我帶回台灣治療。

爸爸到桃園機場接機。由於我曾服用類固醇一段時間，出現月亮臉、水牛肩等副作用，身形走樣，一張臉腫得不像話，連走到爸爸正前方一公尺的地方，站了一分鐘左右，他都沒有認出我。我許久未見的前女友（現在是我太太）到家裡探望我，也嚇了一跳，她形容：「你長得就像麵包超人一樣，誰認得出來呢？」我的外形從此就跟以前判若兩人。

回台灣沒多久，我便爆發極嚴重的水腦症，也就是腦脊髓液積聚使得腦室擴大，造成神經的損傷。我記得自己常

頭痛，出現噴射性嘔吐的狀況，而且雙手似乎沒什麼力氣。當時任職林口長庚醫院的黃妙珠醫師是我家很親近的長輩阿姨，她一知道我的狀況，便要我緊急入院，幫我安排開刀降腦壓，救了我一命，是我生命中很重要的貴人。

即使我在美國多次進出醫院，可以說經驗很豐富了，但這一次在長庚醫院解除水腦危機後，辦理出院手續卻沒有一絲放心的感覺。我對黃阿姨說：「我出院後，可能很快又進來了！」黃阿姨打了我一下，說：「怎麼可以這樣講？要有信心！」她絕頂聰明，就讀台大醫學系連續七年都拿書卷獎，但這樣厲害得不得了的醫師阿姨，也沒法增添我的信心，我實在對自己的健康狀況沒有把握。

果不其然，出院以後又是另一場夢魘的開端。清晨時分，我常在碧潭散步，看看對岸的山景。然而連續幾天，我總感覺看不清楚、看不真切，心裡納悶自己的視力從來不曾這麼模糊，好像並不是近視眼的那種看不清楚，而是有重疊影像。回家刷牙時，手竟不由自主地垂下來，連舉起牙刷的

力氣都沒有，真的嚇我一大跳！

我打電話給前女友，她當時在台大，是腦中風方面的專科護理師。她一聽到我的描述，立刻在電話中要我趕緊去急診，並要我作好心理準備，可能手腳會漸漸無法動彈。一股恐懼感開始侵蝕我的內心。「我會癱瘓？癱瘓多久？」對二十六歲的我來說，這豈不是就像中風一樣可怕？倘若是坐牢，至少還有活動四肢的自由，但我連活動自己身體的自由都要遭到剝奪了嗎？

爸爸一得知這項消息，立刻找了鄰居緊急載我去醫院，他則由上班的地方直接過去碰頭。果然如我太太所說，本來只是手無法舉起牙刷，過沒多久，整隻手臂都無法移動，而且很快地連左腿也沒辦法動彈。林口長庚動員了一整群醫師幫我照 MRI，花了四十五分鐘。照完一推出來，我見到黃阿姨，連忙問她情況如何？多久會好？我看著她的臉色，就知道情況不妙，因為她一句話都說不出來。看著她勉強擠出微笑，我打從心底生出一股涼意。

無論多不可思議的療法都願意嘗試

這次住院後，狀況起起伏伏，也像之前在美國那樣反覆發燒。每一週，我的腦神經外科主治醫師會來看我一次，不過經常只看個短短一、兩分鐘。剛開始，主治醫師也不知道哪裡有感染，照了幾次MRI才發現，感染已經深入到「腦幹」這個掌管生命的中樞。像拇指那麼小的腦幹化了膿，長出一顆像青春痘一樣的膿皰。

那時聽說有一種外科療法，稱為「電腦斷層定位穿刺手術」（CT-Guided Aspiration），可透過一根針將膿皰抽取出來，在我看來猶如為我量身打造的治療方法。只要有機會能治好，不管多麼困難的手術，我都非常願意嘗試。那時候身為病人，每天度日如年，簡直不曉得人生的意義為何？唯一期待的就是每週一，主治醫師會來看我一下，看他會不會願意幫我開刀；我天真想著，只要把「感染的壞東西」拿走，我就會恢復了。未料主治醫師突然某一天開始就不再出現，我好希望他能幫我動這個手術，但很長一段時間都找不到他。

後來黃阿姨替我拜託長庚的李石增醫師，非常感謝他當年願意承擔風險，幫我開這個刀。那次外科手術的程序是很駭人的。武俠小說有一種傳說很厲害的暗器「血滴子」，形似鳥籠，飛舞可取人首級。為了電腦斷層定位，先拿一個很像血滴子的實心鑄鐵環，套在我的頭上。一開始鬆鬆的，搖一搖便晃動得很厲害，我心想不對啊？這樣鬆鬆垮垮的，怎麼可能定位？後來驚恐地發現，原來鐵環上面有一圈螺絲釘，醫師在我額頭的皮膚打了幾針麻藥後，不由分說便開始用力轉動螺絲釘，把釘子旋轉釘進我的頭蓋骨，我可以感覺到一道道血絲從幾個釘入的地方往下流，吃進嘴裡是無比酸鹹的滋味。此後，鐵環就變得相當牢固，文風不動固定在我的頭上。

為了確認手術的探針沒有刺到腦幹上面不該刺的地方，醫師告知，整個手術過程必須讓我保持清醒。推進手術室後，醫師叫我坐著，用一塊黑布蓋住我的頭，我才意識到自己忘了一件非常重要的事：人是有頭蓋骨的，針要怎麼刺穿頭蓋骨啊？果然是不行。因此接下來，我感到很無助，一

直聽到腦後傳來電鋸的聲音、聞到燒灼的氣味，清楚知道醫師在我的頭骨上鑽孔。雖然打了麻醉藥，但我整個人是清醒的，手術房中電鋸吱嘎作響，骨粉煙霧飛揚，真的非常恐怖，深切體會到芒刺在「頭」的感受。這是所有經歷過的手術中，最令我感到害怕的一次。

醫師鋸開一個小小的洞，讓一根針可以通過。他要我保持清醒，並把接下來看到的畫面告訴他。我的眼前時而一片黑暗，時而大放亮光；針戳進腦幹時，我看到眼前像是有一大片閃電交織成網狀。我一邊想著太平洋彼岸的芝加哥，那邊的閃電會在天上形成一大片電網，閃閃爍爍煞是好看；同時，我一邊暗自祈禱，針刺進腦裡面，把膿皰抽取出來，我的手腳就可以活動了。

但天不從人願。醫師後來說，針一刺進去，化膿的地方就一分為二，散開了。大家不敢躁進，也就停止徒手繼續戳我的腦幹。抽取出來的東西送去化驗，但沒有任何結果。術後，我的癱瘓情況並未改善，心想這苦真是

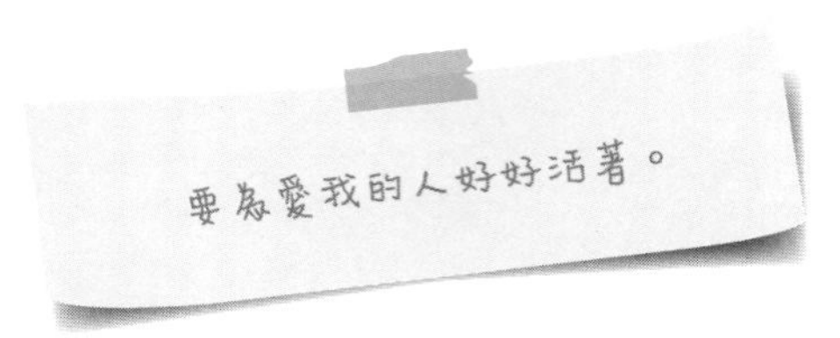

白受了！既然如此，我已經有點慢慢接受自己的命運就是這樣。

群醫束手無策

當時也想過回美國醫治，爸爸聯絡了長榮航空的朋友，希望打掉幾排座位，包機讓我回到加州大學洛杉磯分校醫院（UCLA Health）開刀，讓我覺得黑暗中又看見了亮光。我不想就這樣死在台灣。經歷過美國和台灣兩地的治療，我有種被困在長庚的感覺，真心希望能回到比較理想的環境接受診療。然而，美國醫師經過評估，認為我根本撐不到飛機落地，完全不建議移動，所以好不容易燃起的一線生機又熄滅了。

還記得當時為了改善我的狀況，什麼中藥西藥都試了。中藥除了靈芝、人參等補品，也包括荷葉水（作用是去溼），以及許多稀有藥材。記得爸爸託人買了昂貴的中藥粉，說是可以清熱去毒。那種難聞的藥粉不溶於水，大多卡

在我的矽膠鼻胃管裡，需要用針筒慢慢壓進胃中，常常一進入氣道就害我噴射嘔吐出來；為了吃進那些愛心中藥，我也吃盡苦頭。然而，腦幹的感染一直沒有改善，長庚的醫師無奈之餘，只有建議我的父母：「沒希望了，把他帶回家做最後的準備吧。」

住院月餘，有一天父母在病房陪我，神經內科的鄧樂明醫師快步走進來，見到我欲言又止，揮手示意我父母去外面講。由於感染影響到我的中樞神經，我半身癱瘓，目不能視，喉不能吞，呼吸困難，且講話有一點大舌頭，但仍叫住醫師：「等一下，你要講什麼，請在這裡講。我要第一個聽到，不要事後再由別人告知。」鄧醫師遲疑半晌，拿起我頭上的腦脊髓液引流管，說道：「腦脊髓液應該是透明澄清無色，非常乾淨的液體。你看看，你的腦脊髓液是什麼顏色？像咖啡牛奶?!你的頭腦裡面顯然感染得亂七八糟，我們卻不曉得感染源是什麼。現在所有的藥都用上去了，但亂槍打鳥並沒有效果。」他繼續解釋：「有點像我們此刻在八樓，底下是一片樹林，我丟了一支筆下去，要能馬上找到它的機率

很小。意思是說，你存活的機會實在是很小。我也已經盡力了，你們考慮出院吧！」主治醫師都這麼說了，無異宣判我的死刑。我聽了內心百感交集，知道醫療團隊已經束手無策，大腦有多處感染，我的生命僅繫於一線之間。

為愛我的人而活

半身癱瘓了數個月，人生十分悲慘，醫師也無計可施，眾多親朋好友前來探視，多是搖頭嘆氣或暗自垂淚。我記得同學來看我，用吸管喝著一杯麥當勞的飲料，我心中多麼羨慕，已經很久沒有那種暢快吞嚥的感覺了。我猜想，自己的人生大概會這樣在各種痛苦中結束了。我無法睡覺、無法正常呼吸，就像一條在岸上的魚，常常被自己口水嗆醒，每隔幾分鐘就要抽痰一次，身軀忍不住瘋狂扭動，咳了一臉淚水。我的神經失去功能，無法吞嚥，鼻胃管常常戳得滿鼻孔都是血。我沒辦法正常排泄，無法自己翻身，但是意識與感覺都還在，雖然手腳壓痛到麻痺，卻捨不得打擾疲憊陪病的媽媽出手幫忙。

我分別對媽媽和弟弟說：「拜託你們，讓我死了吧！雖然很不甘心，我的人生都還沒開始，很不願意這樣結束，可是現實就是這樣子，前面看不到希望讓我死掉好了。」當時的情況是腦幹隨時有可能受到壓迫，我就走了；運氣好或許不會死，但是半身癱瘓一輩子。這樣活著有比較好嗎？無論是哪一種狀況，未來都是一點光明也沒有。我才二十七歲，不曉得生命意義為何，與其這樣賴活，不如一死了之。

生理上無止盡的痛苦折磨，我已經對未來的人生完全絕望。以前覺得「死」是一件可怕的事，但是處於這種生不如死的狀態，死亡反倒是一種幸福的解脫。

然而，家人對我說：「不行！你要撐著點，我們很愛你，你死了我們怎麼辦？你一定要撐住！」這一句話讓我思考良久。自始至終，我都只想到自己的痛苦。的確，我受盡磨難，感覺悲慘，但我完全忘了，除了自己痛苦之外，我的家人關心我、愛護我，他們在一旁守護照料，圖的是什麼？

當然是我能夠好起來啊！他們也很辛苦！我突然領悟我太自私了，竟然完全沒有想到他們，只想到自己，心裡覺得萬分羞愧。

從小到大，我只為了自己而活。認真讀書，是希望自己有成就，有好的工作，有好的未來；運動是我的興趣，也是為了自己的身體健康；彈鋼琴或培養其他才藝，這一切的一切，根本上都是為了我自己。而**在我最痛苦絕望、了無生趣之際，家人的一番話，讓我意識到，原來一個人活著不是只為了自己，也是為了身邊很多愛我的人，他們希望我能好好活著。**

從那時起，我雖知今生已無希望，但既然對深愛我的人無以為報，那麼他們希望我活久一點，我就努力活久一點吧。我不知道大部分瀕死病人的心情是否如此，但這是我的人生一個很重要的轉捩點，價值觀從此翻轉。以前活著，做任何事情都是為了我自己，可是從那時候開始，這輩子第一次，我是為了別人而活，為周遭愛我的人而活。為了他們，

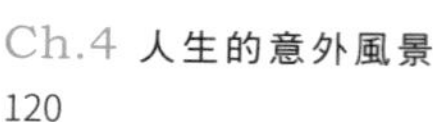

我願意再撐久一點。

聖經《哥林多前書》第十三章，保羅說：「如今常存的有信、有望、有愛這三樣，其中最大的是愛。」《聖經》我讀得不多，但這句話我很能深切體會。我本來覺得已經撐不下去了，很奇妙的是，當我活著不再是為了自己，而是為了愛我的人而活時，突然間不知從哪裡湧出很多力量，好像變得沒那麼困難，又可以繼續賴活一下。我深刻體認到，**愛真的是很大的力量，遠超過信心和希望。**

萍水相逢變成父母摯友

就在我病入膏肓之際，聽聞台灣有一位黃勝雄醫師，他是腦神經外科權威，曾在美國行醫二十多年，擔任雷根總統隨行醫療團的指定醫師，被譽為「Doctor's Doctor」，後來受到花蓮門諾醫院創院院長薄柔纜一席「美國很近，花蓮很遠」慨嘆的感召，一九九三年毅然結束美國的工作，返台接任門諾醫院院長。我們並不認識黃院長，但我

的前女友不放過任何一絲機會，請我媽媽把我在美國和台灣所有照過的片子拷貝一份，因為片子實在太多，足足拷貝了一天一夜才完成。我太太得知某天黃院長要從松山機場搭機去花蓮，隨即抱著一、兩百張又厚又重的片子，趕忙請友人載她去機場。

黃勝雄院長高䠷瘦削，當天身著西裝打上領結，很有紳士的派頭，準備搭機返回花蓮。一確認是他本人，我太太鼓起勇氣走上前去，對他說：「有一位台大物理系畢業的年輕人，他現在腦有問題，在長庚治療，醫療團隊已經要放棄他了，您願不願意看一下他的片子？」黃院長竟當場就在候機室找了個位置坐下，對著日光燈看起我的片子，甚至為此延後班機。我們素不相識，他卻願意撥出寶貴的時間，幫忙看我的病歷，提出一些可能的治療方向，令人十分感動。

當時，他是唯一一位有把握說我會好起來的醫師，但也說可能會有些後遺症，也許是癱瘓，也許口齒不清，但不

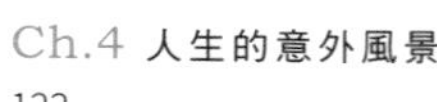

至於死掉。我太太說，她從黃醫師說的話得到很大的信心，從來沒有懷疑我會死去，相信這一切是為了彰顯神的榮耀。

在那之後，黃院長常常主動前來探望，我只要照一次MRI，也會去花蓮門諾醫院找他諮詢。甚至我後來在榮總的主治醫師陳信宏也是受到他的啟迪，選擇神經外科成為醫師的志業。沒想到一次意外的諮詢，我們與黃院長的緣分就這麼持續了二、三十年，他成為我們家非常要好的長輩朋友，猶如我的人生導師一般。現在回頭想想，上帝在我的四周一直預備了許多天使吧！

貴人相救收治入院

見過黃院長不久之後，我媽媽提議轉院去台大醫院。並不是因為那裡有許多名醫，而是我們住在新店，爸爸在南港上班，每天下班後得先去林口長庚探望我再回家，舟車勞頓非常辛苦；如果轉院去台北，就可以省去來回奔波之苦。但當時沒有健保，我是各大醫院都害怕的癱瘓人球，起初聯

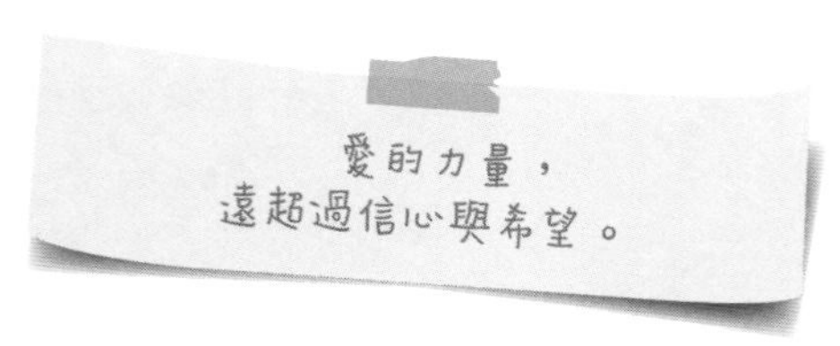

繫台大醫院時，神經外科經過評估也認為回天乏術，稟告院長不願意收我。

媽媽一直希望我能轉到台大繼續療養，甚至夢想著最好有一間單人病房，能夠俯瞰二二八和平公園。我心想，台大都不收我了，怎麼可能有這種病房留給我？這是癡心妄想吧？

雖然神經外科評估不能收治，幸虧有當時「腦中風急診後送病房」總醫師吳茲皓的幫忙，毅然把我從急診部「拎上去」住院；他現在是台大醫院內科部主治醫師。腦中風急診後送病房的代號是 12C，只收中風或緊急七十二小時腦腫的病人；這個病房只存在短短五、六年的時間，而感謝上天的安排，我的前女友（現在的太太）從台大畢業後恰好分發到這裡。這裡收治了許多長期臥床的病人，很難有單人病房床位；好巧不巧，就在長庚要求我出院的前一天，12C 病房有一位臥床許久的阿公去當天使了，台大的醫師和護理師連忙用紫外線消毒病房，幫我把接下來在台大一年的新家布置

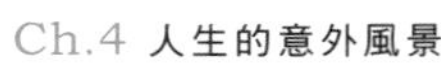

好。更神奇的是，那間房竟是唯一能俯瞰二二八和平公園的床位，實現了媽媽的夢想！

我媽媽王美幸是個性非常陽光爽朗的女藝術家，我生重病的那一、兩年，她完全無法作畫，因為心中太多愁苦，根本畫不出來。媽媽本來頗為豐腴，但我生病期間，她的體重掉了十公斤左右，是我一生中看過她最苗條的時候。直到我痊癒以後，她才又開始能夠歌唱、繪畫，也恢復原來的身形。

媽媽出生於台北，北一女、台灣師範大學美術系畢業，到美國念碩士，在留學生聚會中結識我爸爸。媽媽還沒拿到碩士學位就生下我，因此決定放棄學業。媽媽是一名出色的當代重要女畫家，擅長油畫、粉彩、水彩，近年則投入琉璃畫研究及製作；她的作品獲得台灣許多美術館的典藏，更是不吝捐出畫作給醫院、學校等單位，並且樂於資助台灣的優秀年輕人。朋友每每來訪，看見家中滿是媽媽的作品，擺放得寸步難行，相當驚訝她怎麼能這麼多產。她年逾

七十，不但持續創作、開展新的藝術風格，創作力甚至比年輕時更加旺盛，好像愈活愈年輕。我太太常說，當年媽媽回台灣沒有接下教職，卻比許多教授更努力。

我母親的畫作總是生機盎然，給人很溫暖的感覺。她說，當然要給人家看光明的一面，所以不要用很重的色彩，免得讓人覺得沉重。她希望別人看了她的畫，感到心情快樂輕鬆。在這方面，我也有受到她的影響，形成開朗的性格，才能挺過痛苦煎熬的重病時光吧?!

生病那段期間，我半身癱瘓，臉部也有一半癱垮下來，媽媽怕我看到自己的樣子，心情會大受打擊，所以我在病房裡沒有看過任何鏡子，這是畫家媽媽貼心的地方。

我從小就不大會哭。我爸爸的觀念是，男子漢應該打落牙齒和血吞。相較於父親的嚴父形象，母親總是扮演慈母的角色。愛哭的媽媽看到我飽受折磨，曾經問我：「為什麼你都不哭？你應該要哭啊！遭遇到這麼大的事情，心裡很難

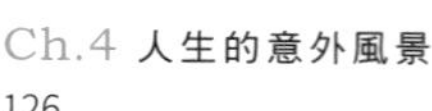

過可以哭出來啊！」但生這場大病期間，我從來沒有哭過。我哭不出來，我忘記怎麼哭了。我父親和母親是完全不同典型的人，個性差異甚大，父親是理工背景，腦筋靈活，認真嚴格，母親則是藝術家，充滿奇思，想法跳躍，是一對很有趣的伴侶。他們不同的性格似乎也融合在我身上，對我的人格塑造影響很大。

「我的病人，我會負責。」

準備轉院到台大時，長庚派一位特別護士陪我搭乘救護車，因為大家都很擔心我的狀況，畢竟我應該是準備回家送終的個案，特別是救護車路程顛簸，能不能撐到台大也沒人敢說。我不知危險，還覺得生平初次搭救護車，感覺滿新鮮的。

我的狀況就是典型的腦傷病人。到了台大後，照會營養師，營養師見狀說：「這病人哪有什麼可以選擇的餘地？除了鼻胃管飲食，還能吃什麼呢？」照會復健師，她

一看到我就說：「這個人的肌力是零，他的手完全不會動，只能維持關節的活動度。」話雖這麼說，她仍然幫我安排了復健課程。

坦白講，我對復健並不抱希望，但既然對周遭愛我的人無以為報，他們要我做復健，我就做吧，至少這是我可以配合的事。當時一日復健一次是很辛苦的大事，分明做不了多久，但總是累得昏睡數小時。我沒辦法自行站立，頭幾天治療師光是要讓我下床便費了很大氣力，用腰帶從背後撐著我，扶著我搖搖擺擺抓著雙槓移動。我的看護每天也會幫我做幾十分鐘的被動運動，不求進步，只求不退步，希望關節不要沾黏，肌肉不要太僵硬。過去幾個月折騰下來，連媽媽也瘦了十公斤，但回到台北，她顯然放鬆許多。我想，我這輩子就這樣了，我不擔心自己，只要是能讓家人感到安慰，我都願意配合。

吳總醫師與我的主治醫師黃先傑，特別照會一位感染科權威共同診治，這位對我有再造之恩的醫師，正是在冠狀

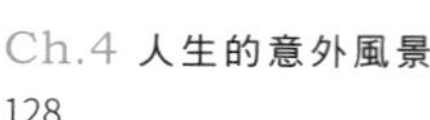

病毒疫情期間擔負重要角色的張上淳教授。張醫師每天都到病房追蹤我的各種細微變化，我偷聽到幾位醫師看著我的片子說：「這個人意識清楚嗎？還活著嗎？這麼年輕，太可憐了……」張醫師與神經外科醫師幾經討論，研究是否可動刀從腦幹抽膿做檢查，但外科醫師沒有把握，因此並未執行。後來，其他醫師想要多做檢查、多開藥時，張醫師卻完全停掉我僅有的武器，即抗生素藥物，準備觀察後續的變化，看看我是否繼續發燒，又是否會抽筋。我很佩服他當時以豐富的知識和經驗作判斷，一肩扛下責任，果敢地說：「我的病人，我會負責。」

腦中風病房最年輕的病人

生了這場大病，我雖然身心靈受創，但在台大受到無微不至的照護。我深深體會到，一般人可能早就被家人或醫療團隊放棄了，但我得天獨厚，得到極好的支持系統，這是很大的福氣。

在台大有許多備受關愛的小故事，比如我打大量的抗生素，常常打針打到手發黑、血管硬化，每天都可能「漏針」，即出現滲漏傷害而造成血管發炎，需要打五針以上才能找到血管。如果能像美國一樣，把「周邊置入中心靜脈導管」（peripherally inserted central catheter, PICC）從手臂置入體內，讓一條軟導管露在外面，這樣就不用每天找血管打軟針了。當時台灣尚未進口這種醫材，只有台大有試用品，不像現在已很常見。

12C 病房的巫貴英護理長心疼我，特地去小兒科索取 PICC 的樣品，準備幫我裝設。但我進開刀房準備置入時，他們才發現樣品用完了，趕緊打電話回病房說：「廠商說用完了耶，反正都麻醉了，給他換成化療用的植入式靜脈導管（Port-A，俗稱人工血管）好不好？」不過一般的 Port-A 是置放在胸前，不是裝在手臂上，護理師們擔心我失望，特地把 Port-A「移植」到我的手肘上。回到病房後，我的手上多了一個小圓盤，專門用來打針，省了大家不少找血管的工夫，也減少我每日受到針戳的痛苦。

只不過，後來打針的時候，常常會有實習醫師或換班護理師以為我裝的是普通的 Port-A，把冰冷的手伸進我的衣領，在胸前摸啊摸的，我就會沒好氣地伸出手，對他們說：「要打針嗎？在這裡啦！」大家會很不好意思地說：「哎喲！交班不是說有 Port-A 嗎？怎麼在手上啊？沒看過長在這裡的 Port-A！」

我可能是腦中風病房最年輕的病人，與其他中風的阿公阿嬤相比，我與醫療團隊的年齡差不多，加上我太太在這個病房，因此得到很多溫馨的特殊待遇，比如清潔病房的阿姨常常會特別來加強清掃，退休護理長來幫我做類似氣功的「長生學」，實習醫生下班後與我閒聊，護理師也會邀請我一起吃點心水果。

台大護理師在照護方面非常專業，並不是一般人以為只有發藥與翻身的工作。他們的工作態度與美國的護理師很相近，溫和而自信，相當程度有自己的判斷。我看著護理師在第一線接觸病人家屬與看護，每天鉅細靡遺地交

班，與醫師平起平坐討論病情，非常佩服他們的專業。在12C 病房，我認識了不少醫師與護理師，後來都成為一輩子的朋友。其實以前從來沒有想過有一天我會身為病人，親身見證當時我「前女友」的工作價值，而往後的二十幾年反覆發作的病情，我太太的護理專業讓我一次又一次全身而退。許多人以為我和太太是在生病時認識的，殊不知要不是我生病回到台大治療，她應該也只是我「無緣的前女友」吧！

走過死蔭幽谷

癱瘓躺床近一年、反覆調整藥物之後，我的左手手指終於開始微微顫抖。儘管不到半公分，內心仍是非常震撼，簡直激動到快哭出來，因為已經有將近半年的時間，我沒看過自己的身體有任何動作了！在此之前，我的手是溫熱的，也有感覺，但卻完全不能動，絲毫不聽使喚，好像是別人的手一樣。如今看到自己的手能顫動，彷彿在無盡黑夜中第一次看到一絲曙光。印象中，我看到每個人都衝口說出：「我

今天好開心！你看，我的手會動了！」

其實我就像中風病人一樣，說話大舌頭說不清楚，講話顛三倒四，加上臉有半邊不太協調，我太太當時說：「你到底是在哭還是在笑啊？你慢慢說，嚇到我了啦！」我說：「我太高興了……沒辦法用言語形容啦！」內心實在太激動了。爸爸知道我一隻手指頭會動之後，則是很有信心地認為，這是他跟菩薩祈求來的。

後來我從一根手指微微顫動，到可以握拳，進步到慢慢可以坐起，最後竟然出人意料全身都開始能動了。我可以自行走路之後，常常歪歪倒倒在病房裡做復健。有天得知醫師們的晨會要報告的個案是我，我就溜進去聽他們講。他們不知道我在現場，講得很直白：「這種情況非常少見，存活率非常低，應該早就意識不清了。」聽到這裡，我實在嚇呆了，原來我真的是從死亡邊緣把命拉回來的。

大病痊癒之後，我用英文寫了一篇文章，最後一句話

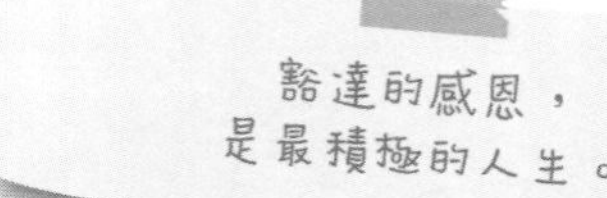

的大意是：「我覺得現在活著的每一天，對我來說好像都是多出來的，所以我很珍惜。」我父親較為傳統，他看了很不高興，嚷著說：「什麼每一天都是多出來的？太不積極了！你要想，**你的人生才剛開始，你應該要很積極！**」但**我走過死蔭幽谷，最積極的人生態度正是豁達的感恩。**

我從半身不遂到全身能動，中間歷經了漫長痛苦的治療與復健。出院後，我仍每週回台大醫院做復健，長達數月之後才回到美國繼續學業。我記得剛回到芝加哥時，手一直顫抖，無法高舉過肩，而且坐了幾分鐘，後腰就會慢慢無力，整個人倒下去。此外，我無法順利記住以前倒背如流的知識，每讀幾分鐘就非常疲累，必須躺下來休息。但無論如何，我終於回到校園繼續苦讀，也開始思考自己未來要走什麼樣的道路。

Ch.
5

大學必修學分

人際互動和愛情課題

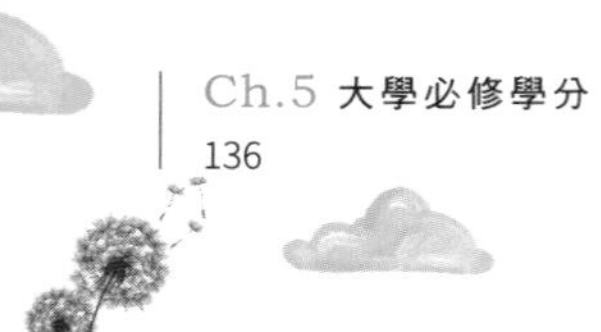

向媽媽或爸爸學做一道菜

常有人說，大學必修的三學分是課業、愛情和社團。台大的學生多半很會唸書，因此課業方面比較不需要操心，我更看重的是學生在人際互動方面的發展，包括與家人的關係、與伴侶交往的愛情課題，以及參加社團伴隨而來的社會經驗累積。大學生正歷經從青少年蛻變為成年人的關鍵階段，這些人際互動的經驗，對於每個人性格的塑造有很大的影響，因此在我開的課程中，很注重學生在這方面的成長和思考。

我常在「新生專題」課程中給學生出各式各樣的作業，這要謝謝我太太，很有創意的作業往往是她提供的點子。

新生專題有一項作業也是她想到的點子：「向媽媽（或爸爸）學做一道菜」。 向媽媽學做一道菜並不是最困難的作業，卻是新生專題眾多作業中，我認為很有意義的一

項作業，學生也回饋說他們很有收穫。這項作業接連出了十年，反應很不錯，幾乎每學期都有，簡直變成必修作業了。

初始的動機是增進學生與家人的關係。有些台大學生父母的學歷沒有像孩子這麼高，可能會覺得孩子念第一學府愈來愈自負，在家中也愈來愈不曉得怎麼跟優秀的孩子聊天。當初出這項作業的目的，是希望學生和父母能有些不一樣的互動。一般來說，做菜是媽媽擅長的事，用這種方法與不習慣進入廚房的孩子互動，或許會產生特別的火花；當然也希望讓孩子知道，人生不是只有唸書才了不起。

有位學生說，他從未看過媽媽用如此自信的方式跟他講話。做菜時，媽媽一直搶回去做，嚷嚷著說：「欸這個你不會啦！要這樣子才對啦！」這是很有趣的，媽媽很少有機會在子女面前表現出這麼有自信的狀態。不過也有一位媽媽反應：「家裡平常都不是我在做菜，拿這麼困難的功課回來做什麼？要我教你洗衣服可以啊！我又不會做菜，哈哈！」

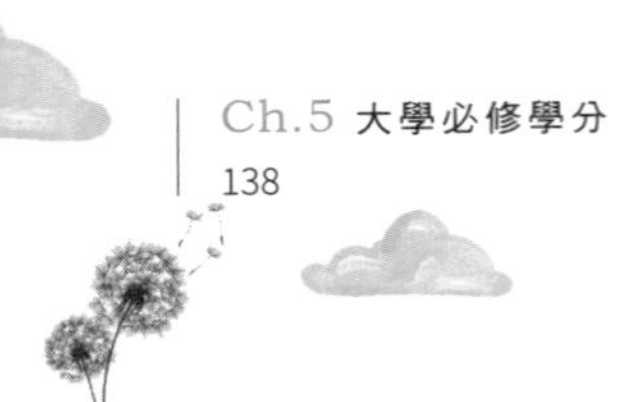

除此之外，也有學生表示：「在這麼熱的廚房裡關了幾個小時，好累、好辛苦呀！現在才知道，原來媽媽準備晚餐有多麼辛苦，我真的應該多幫些忙。」

學會一道菜之後，還有第二階段。這回，請學生分組，四、五個人組成一個小組，一起煮一頓飯，再與大家分享。這項作業也滿難的，困難之處在於同儕之間的合作和互動。

學習告白與分手

另一個我覺得很有意義的作業是「告白」。我請學生錄製一段三分鐘的短訊，或錄音或錄影，想像著你鍾情的對象，看你要怎麼表達自己的感情。

學生一聽，普遍反應是：「這是什麼作業？哪有這種作業啦！」

也有學生說：「告白？沒有對象啊！」

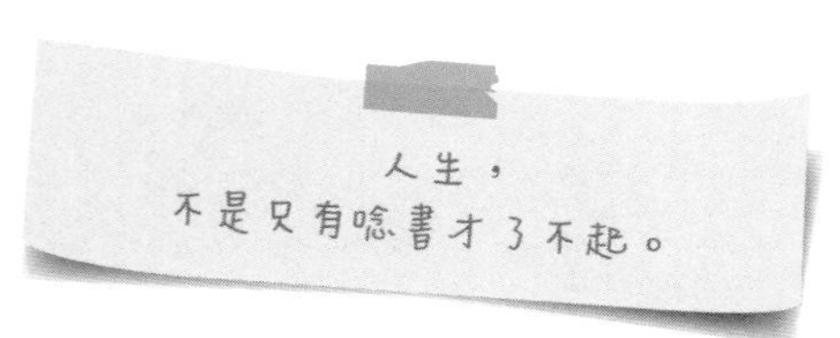

我說：「沒關係，你可以想像遇到鍾情的對象，或者以前暗戀很久的對象。」

由於這份作業需要在同班同學面前公開分享，我只有幾點簡單的要求：第一，請選個安靜的地方，不要有嘈雜的背景音；如果是錄影，請注意光線和鏡頭，光線不要太昏暗，也不要讓鏡頭晃動得太厲害，這是學生作業常有的問題。我也向學生保證：「到時候只會在課堂上播放，不會洩漏出去，請大家放心。」

我自己當年並沒有做過這種事，可以想見學生會覺得很困難。我是非常害羞內向的人，根本不敢向人家表白，如果當年曾經有人要求我做這項作業，我會十分感謝，或許很多情況會改變，後來與女生的發展就會不一樣。

透過這個作業，可以讓人思考很多事情。我以前還是大學生時，並未想過這類問題，只單純覺得：「哇！這女生

真漂亮，好喜歡！」可是你清楚知道自己真的喜歡這個人嗎？你要怎麼分析自己的情感，然後對他／她說出來？你到底心儀的是什麼？對你來講，看重的特質是什麼？面對他／她時要怎麼鋪陳？要講的重點是什麼？

比如說：「你真是讓我著迷。」對方當下聽到的感想會是什麼？她的反應是不是你預期的結果呢？她會不會感到困惑？如果她問「你為我著迷，是因為我的外貌嗎？」或者「是我的個性讓你著迷嗎？你是覺得我空有才華而長得不美嗎？」諸如此類，你該怎麼回應？這是很複雜的人際互動問題，對於尚未與別人交往過的小男生和小女生來講，這份作業的引導，有可能對學生的感情生活產生很大的刺激和啟發。

「告白」這項作業與「未來晚會」的宗旨有點像，強迫學生去思考他們平時可能不會想到的問題。剛開始，我的想法是很多事情第一次做總是跌跌撞撞，思慮欠周，疏漏很多。正所謂熟能生巧，做過一次之後好好反省，與朋友一起研究檢討，去蕪存菁，知道什麼重要、什麼又是不重要的，

就會有所收穫。我都對學生說：「第一次告白難免會很緊張，到了第二次，你會發現其實沒那麼可怕。」如果告白作業是第一次，等到真正需要告白時，就可以有更好的成效。

學生雖然嚷嚷著不會做，但都非常認真執行。我記得有一個住宿舍的學生說，他為了做這項作業，關在宿舍裡想了好久，偏偏一直有人推門進來，錄製失敗又再重錄，結果錄了三十幾遍才錄好。

課堂現場播放大家的作品時，很多人害羞得想躲進地洞去。班上有男生有女生，在課堂上分享時，正好可以看看異性的反應。我印象很深刻，某位學生的告白內容大抵是說：「某某某，我真的很喜歡你。」而且還一邊說一邊咳嗽。我聽這人的告白，覺得真是太粗糙啦！結果竟出乎意料之外，女生們投票公認這位同學講得最好。她們的理由是：「雖然有點不順暢，告白時也有很多雜音，不過是相當真誠的告白。」可見我和學生之間的想法果然還是有差距。（這是代溝？）

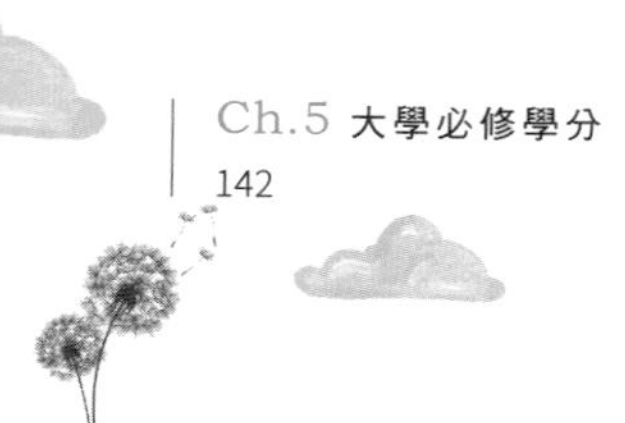

確實有學生錄完這個告白作業後，成就了真正的第一次告白。有一位聲音低沉動聽的電機系男生，開過室內音樂會，非常有才華，我猜想這種文藝青年應該交過很多女朋友吧？沒想到他都快畢業了，卻從未談過戀愛。問他不想在畢業前交個女友？他說：「沒辦法，我太害羞了，有心儀的對象，但不敢向人家告白。」

我忍不住問他：「難道你認為有一天會遇到對的人，就像王子公主一樣幸福過一生？」

他說：「對，應該就像這樣！」

我替他捏一把冷汗，說道：「夫妻、男女朋友，或是家人、姻親妯娌之間的相處，其實是非常困難、非常複雜的議題。你完全沒接觸過異性，卻認為一相處就能一帆風順，過得幸福快樂？」

他不置可否，似乎聽不太懂。在我眼中，他實在太天

真了。

我睜大眼睛說：「這就像你修了一門電機系很難的課，大部分人都成績欠佳，甚至被死當。這堂課你從來沒有交過任何作業、沒有參加過期中考，就只有一次期末考的機會，你覺得一定會拿A嗎？」

結果這段話深深打中了他，覺得好像有點道理。於是我請他找到六位女性朋友，只要對方願意跟他一起來，我就請他們吃飯。透過這種方式，強迫他主動開口，與一些異性製造相處機會。

後來又過了半年，到了畢業前夕，他與我分享，有一位他國小暗戀很久的對象正好相約，他就帶她去陽明山看星星，因為他很喜歡天文。

我很興奮地問他：「結果怎麼樣？」

他說：「什麼事都沒有發生啊。」

「什麼事都沒有發生？」

「又沒有幹嘛，只是單純帶她去看星星。」

「我實在是替你太著急了，總是要做些什麼事情吧？拜託你啦！」

後來我辦了第三屆未來晚會，這位學生邀請他暗戀的女生來，那位女生後來果然變成他的女朋友！

面對學生的問題，我大多時候不敢提供建言，也不會指示他們如何行動，這一次是極少數的例外。對我個人而言，如何找尋伴侶、如何向對方告白，是一項非常困難的人生作業，你不展開行動，就無法累積經驗值。這位學生在我的循循善誘下，至少勇敢跨出了第一步。

大學時代有機會與人交往，同時也必須面臨分手的難關。除了告白，新生專題還有另一項作業：「如何提出分手？」概念相仿，假想你要與目前的交往對象提分手，你會怎麼開口？時間同樣是三分鐘以內，請簡短扼要說明想要分手的原因，又希望達成什麼目的。就我個人的親身經歷，過去和女朋友分手的過程都非常慘烈，我不希望學生重蹈覆轍，才想讓他們事先練習一下。

我以前一直覺得，先提出分手的人非常可惡；帶著這種心情，我知道兩個人已經走不下去，明明應該分手，卻又不曉得該如何啟齒，只好一直拖著，現在想來是非常糟糕的做法。我希望當年有人告訴我，提分手不是一件壞事。如果兩個人在一起，沒辦法雙方同時感到喜悅，覺得沒有未來的話，沒道理硬要綁在一起。其實不管是誰提分手，對彼此都是一件好事。

與告白一樣，沒有分手過，怎麼會知道哪裡做不好要改進呢？這項作業讓學生事先好好思考，分手該注意什麼

事，又該避免什麼事；在課堂上，同樣又能從男生女生不同的角度來觀察，雙方提出各自的觀點，交叉討論，我覺得對學生面對情關的時候會很有幫助。

適度的放手也需要學習

很多人都認為，求學階段的社團經驗，就像是學生從學校跨入社會的初體驗，讓學生在學校除了吸收知識，也能學習到人際互動和團隊合作的經驗。我在台灣求學期間，從高中到大學參與了不少社團，帶給我很大的收穫，也塑造了我的個性。

就讀師大附中一年級時，我報名參加了附中有名的「騎士童軍團」，這是歷史悠久的社團。我對野外求生很感興趣，而我本性害羞，認為上台是我的弱項，參加童軍團可趁機學習如何帶團康，增強人際互動技巧。要在公眾面前帶活動，我一開始覺得很彆扭，挺不習慣的，但幾次下來便慢慢進步，也大大改變了我上台就緊張的個性。

除此之外，我也跟著童軍團一起去爬山、認識植物、野外採集。每年暑假，童軍團都會舉辦大型活動「預訓營」，用來考驗我們平時學習的各類技能，通過考驗者可獲得令人羨慕的臂章。童軍必備的技能是「無具野炊」，必須就地取材，在不使用一般炊具的情況下烹煮食物。另一個考試項目是生火，必須限制在使用三根火柴的情況下，手削火媒棒生火，難度頗高。印象最深刻的是，高二那年在陽明山舉辦兩天一夜的預訓營，偏偏當天遇到強颱，生火野炊本就極具挑戰性，遑論大雨滂沱，連簡單的搭帳篷都有困難。

我爸爸當天冒著風雨開車上陽明山，或許關心則亂，他怒氣沖沖說道：「這什麼天氣？強颱還露營？」不由分說就把我帶下山了。當時見到父親，我一方面心想，你為什麼在同學面前強行把我帶走？另一方面又慶幸還好下山了，颱風天在野外露營實在痛苦。我終究是順從了父親，沒有拿到臂章。

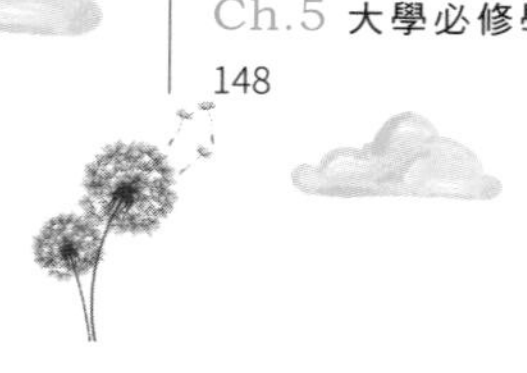

現在我也為人父，尋思同樣的情形，考慮安全問題，是否我也會當眾「不給孩子面子」，把他帶離同儕身邊？抑或是讓他接受艱苦的磨練，雖不忍心，但可挑戰他的心志？同樣地，身為大學老師，給學生各方面的訓練也是一樣，看到學生走冤枉路時，到底是直接帶他們離開艱困的道路？還是讓學生親自摸索一遍，之後再給予引導，才會讓他們更有收穫？這真的是很艱難的課題，到目前我還沒有答案。不過我想，我的教育理念認為：適度的放手是必要的。

參與社團，走出舒適圈

我從小對音樂一直很感興趣，小時候曾經拜入笛簫演奏大師、人稱「台灣品仔仙」的陳中申老師門下，學習梆笛和曲笛。另外我也學習鋼琴，師從當代音樂家馬水龍夫人許子珍，以及台灣第一位保送奧地利留學的鋼琴家林惠玲。

我學梆笛之後，變得非常會吹口哨，可能因為中氣十足的關係吧。記得以前我爸爸在東吳大學教書，住在山坡上

適度的放手是必要的。

的學校宿舍時，鄰居說從山上就可以聽見我悠揚嘹喨的口哨聲從山下傳來。可惜我腦瘤開刀後造成面癱，嘴巴噘起無力，不要說吹口哨，平時甚至必須用手捏著嘴唇才能漱口，再也沒法吹出以前擅長的口哨，委實令我感到遺憾。此外，高中時期我羨慕鄰居有機會學古典吉他，也跑去上課。

我自小浸潤在音樂之中，上大學後很自然就參加了台大愛樂社、鋼琴社和台大古典吉他社。我對於台灣的傳統文化很有興趣，於是參加薪傳社，四處參觀台灣的廟宇和古蹟；偶爾也去卡漫社看漫畫，去清議社高談闊論。在這些社團擔任幹部的經驗，強迫我接觸一些原本不熟悉的事物，例如我身為古典吉他社文宣部長，可是美術能力其實不怎麼樣，頂多只能負責宣傳、出出點子，想想看怎麼樣的廣告比較吸引人。我現在擔任台大領導學程主任，也會跟學生說，**身為領導並不是什麼都要會、什麼都是自己的強項，但要勇於嘗試，就算是摸索學習，都會對於領導眾人、團隊合作、人際互動等各方面頗有助益。**

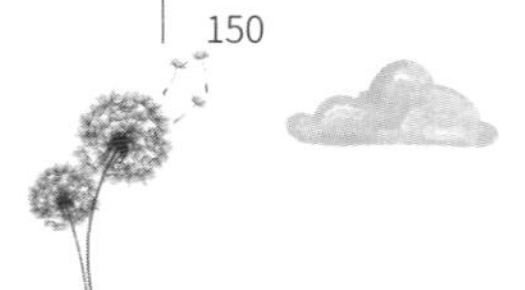

一般來說到了大三以後，由於課業繁重，多數人比較退居社團幕後，專心於課業，甚至開始為了報考研究所和找工作而預作準備，多半不會加入新社團。我卻在大三和大四接連參加了好幾個社團，很開心自己在學生時代參與很多不同的團體，認識許多優秀的人，各路高手每個人都有特別的武功。當時在社團結識的學長姊學弟妹，後來都成為一生的摯友。

另外我很喜歡唱歌，有不少人說過我的聲音很好聽。因為喜歡合聲，在美國的時候，我是教會詩班的班長，回台灣也參加台北和平基督長老教會的詩班，主要擔任男高音，有時人數不夠也擔任男低音充數，就這樣唱了十幾年詩歌。除此之外，台北基督教青年會（YMCA）聖樂合唱團每年都舉辦《彌賽亞》慈善音樂會，我也跟著知名的孫愛光指揮合唱了七年。

由於是到美國之後才參加合唱活動，我一直很遺憾大學時代未能參加合唱團，因為台大合唱團的素質很高，名聲

響亮，需要通過考試才能加入。回到台大教書之後，我很天真心想，說不定可以趁白頭髮還沒有太多的時候，偽裝成研究生去應試。每學期剛開始的「杜鵑花節」前後，各社團會在校園裡擺設攤位招生，於是有一年，我鼓足勇氣，前往台大合唱團位於第一學生活動中心的攤位，希望報名應試。沒想到一坐下來，考官看到我就說：「曾老師！我修過你的課！」好糗，當場被抓包。

面試官向我說明考試項目，包括視譜、試唱、音高等，那時候我已經好久沒有參加面試，心裡七上八下，心理壓力很大。說明完後，他指向攤位後方的考場，現場有一面很大的布幕，幕前設有一張長桌，一共坐了十來個人。我大吃一驚，沒想到馬上就要考試了！我走到長桌前方，發現其中有好幾張面孔看起來很像是我的學生。儘管他們口頭上說：「老師，你不要緊張啦！」但面對一整排考官，突然變成被評價的角色，我還是慌張得手足無措。

其中一位考官說：「哈哈老師，現在你知道教授出題

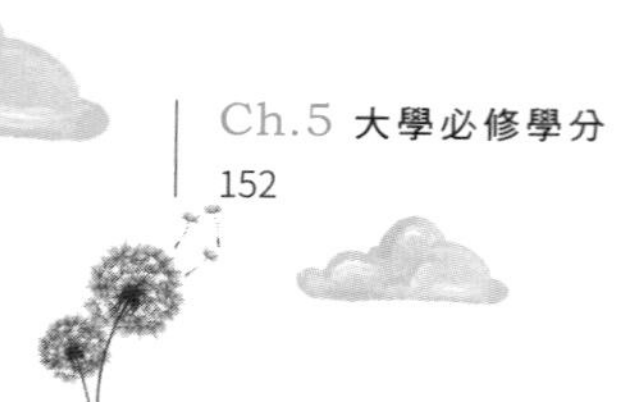

目考期中考和期末考，害我們壓力有多大了嗎？當學生實在很辛苦耶！」

我只好笑著說：「我謹代表所有教授向你們致歉！」

我原先並不知道考試內容包含試唱、指定曲和自選曲，應考時也只能就有限的時間稍微準備，連自選曲都沒有。

考官問：「老師，那你的自選曲要唱什麼？」

好問題，我當下也沒有主意，於是他們提議：「要不然唱台大校歌好了？」

我趕忙說：「好好好，台大校歌我記得，就唱台大校歌好了。」

台大合唱團基本上是以學生為主的社團，大概從來沒遇過老師想參加。我猜站在學生的立場，一位教授來面試

報考算是相當新鮮，一時之間他們大概也不曉得該怎麼反應吧？

我考完覺得很開心，算是了卻一樁心事。至於有沒有考過，就拋諸腦後吧，至少我鼓起勇氣，在五十歲之前圓了報考合唱團的心願。沒想到考完沒多久，我竟然錄取了！（應該不是因為我是老師吧?!）

合唱團一週需要練習兩、三次，每次約四小時，從傍晚六點開始練唱，結束時多半已經晚上十點多了。同時肩負教職、行政職以及一歲小朋友爸爸的我，實在沒有這麼多時間能參加團練。

台大合唱團每年的重頭戲是在國家音樂廳演出，我其實非常期待跟他們一起登台表演。他們挑選的曲目很多、很難，要花大量時間練習。我錄取台大合唱團那一年，選唱表演的曲目，剛好有三分之二左右我都唱過，所以很熟悉，其實相當有機會跟他們一塊上台。之後如果要再重練新曲目，

礙於沒有那麼多時間，勢必更加困難。

合唱團幹部熱情地打了許多次電話給我：「老師，今天會來練習嗎？」「老師可不可以來參加？」「老師，我們要上台了，快來練習，曲子你會的話，不用來練習這麼多次也可以啊！」和大家練習幾次後，發現時間還是超出我的負荷太多，由於不想拖累大家，只得遺憾地告訴他們，我練習得不夠，實在無法厚著臉皮參與演出。

無論如何，能考上台大合唱團仍然是近年來我很有成就感的一件事情。其實不只是學生，對大學老師來說，參與社團也是走出舒適圈、突破自己框架的好機會，能夠認識許多不同的人，建立不同的合作與互動，對自己平常的工作和生活也是很好的刺激。現在想想，或許日後再有機會，我應該好好把握，再報考一次，希望總有一天能跟我的學生一起上台表演，一定是很美好的事情。

Ch.
6

練好三分鐘完美英文

培養跨足國際的能力

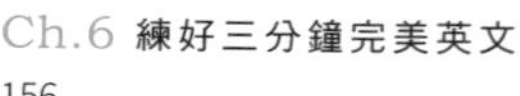

由於父母到美國留學的關係，我在美國出生，五歲後才回到台灣，寒暑假也常去美國，所以英文的口說能力還滿不錯的，聽起來就像英語系國家的人說母語。我自己有這樣的學習經歷，因此相當注重台大學生的國際觀與英語表述能力。

普遍來說，台灣學生的英文口說能力沒有讀寫能力好，很多台大學生恪守「沉默是金」的美德。其實去國外唸書後會發現，如果你不講話，通常別人並不會認為你莫測高深，以為你是很厲害的人。相反地，他們可能覺得你並不聰明。這是我觀察到台灣留學生在英語系國家常發生的問題，所以希望訓練學生盡量能用流利的英語表達自己的想法。身為導師，我會特別訓練導生的英文表達能力。

開口說英文的勇氣

我之前出過一項作業「我是專業的英語配音員」，請學生挑選自己很喜歡的電影或影集，然後找一段大約三至

五分鐘的片段，反覆播放，跟著影片對嘴唸出英語對白，直到自己可以將對白完全背起來，而且盡量惟妙惟肖地模仿劇中人的口音和語調，同時加上表情和動作，這樣有助於將情緒注入語調之中。等到學生自覺講得跟劇中演員一模一樣後，再把原角色消音，改錄他們自豪的配音。我會請學生把原始影片和重新配音過的影片都在課堂上播放出來，讓其他同學評論，如果大家絲毫聽不出有任何差別，就成功了。

藉由反覆練習一段三至五分鐘的影片，我相信能確實校正單字的發音，並雕琢說話的語調。更重要的是，我希望學生以這份作業為開端，練就開口說英文的「勇氣」。一旦有能力在三分鐘內講幾個完美的句子，就能進一步挑戰一段三十分鐘的英文演說。我鼓勵同學先從有腳本的演講開始準備；至於英語對話，因為涉及許多單字、聽力以及臨場反應，困難度比較高。

有一次，我去北一女演講，也出了這項作業給高中

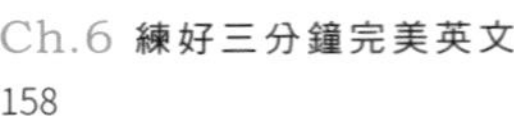

生。但考量到高中生太忙了，我沒有請她們進行後製的消音和錄音，只要找一天打電話給我，跟我聊個五分鐘，說服我「你是從英語系國家打電話來」就可以了。有一位北一女的高三學生挑選了成龍和克里斯．塔克（Chris Tucker）主演的美國動作片《尖峰時刻》，她將自己配音的影片寄給我，我還真聽不出來究竟是原版還是她自行錄製的，讓我大呼精采！後來只好請她把原版寄給我比較一下，學生也相當有成就感，認為自己可以再接再厲，相信日後她到國外留學不成問題！

熟能生巧，勇敢表達

說到用英語發表演說，台灣人往往沒有自信，字句容易含混帶過，發音也不講究，甚至不知道自己唸錯了，難免給人英文不好的印象，這是很可惜的。這些年來，我參與許多國際研討會，台灣學生發表演說普遍沒有自信，除了聲音虛弱外，很多人也從未細究一些單字的正確發音。不確定的字一講出口，對方常常會回應：「May I beg your pardon?」

（沒聽清楚，可以請你再說一遍嗎？）一聽到這樣的回應，學生很容易更沒自信。

我太太雖是北一女和台大畢業，很會考試的她也申請到國外名校，但英文的聽說能力完全不行。剛到美國唸書的時候，她連完整的句子都無法說上幾句。她原本很抗拒在我面前講英文，覺得壓力很大，不過我認為，當然需要請發音好的同儕給予意見，幫忙指點哪些發音或語調需要改進，並且最好在面臨壓力的狀況下也能正常對話。你總不希望以英語和別人溝通時，外國人聽不懂吧？總不希望簡單一個問題，都讓對方等你思考很久吧？

起先，我建議太太先從二十六個字母的發音開始，嚴格要求自己把每一個字母都唸得精準，甚至吹毛求疵，把標準拉高。接下來就多聽「好句子」的發音和語調，然後跟著複述，一句一句慢慢累積。尤其要加強訓練立即回應的能力，比如一邊開車、一邊透過電話向餐廳訂位等等。經過這樣的訓練，後來我有好幾次遇到太太的美國人同

事，他們都以為我太太是在美國土生土長的母語人士！每次聽到這樣的讚美，我都比太太更開心，證明英語口說是練得起來的。

除了發音練習，開口的勇氣也很重要，或許這很需要鍛鍊「不怕丟臉的個性」。我太太分享一個故事，讓我印象深刻，於是我也說給台大學生聽。她剛到美國沒多久，去學校餐廳的 SUBWAY 買三明治，大家都知道買潛艇堡規矩甚多，需要挑選麵包的種類，又要決定是否加入各種配料和醬料等等，並不像麥當勞可以直接叫幾號餐就好了。因此，這對英語不好的留學生是一大挑戰。

我太太曾碰到口音很重的黑人服務員，不但說話含混，對亞洲人的態度也不友善，故意說一長串英文。換作是我，一定會說「All」（全部配料都要），不敢多說什麼。沒想到我太太很勇敢，對黑人說：「Sir, please stop! Can't you see I don't understand? Please repeat your every word!」（先生，請等一下！你沒發現我聽不懂嗎？請你

整句話重新說一次！）那位服務員可能沒想到有人會直接挑戰他，有點嚇到了，突然之間態度轉趨溫和，不但放慢速度，也以清楚的發音一樣一樣指著配菜，問她要不要「Lettuce? Onion? Olive?」（生菜？洋蔥？橄欖？），同時也教她麵包可以選不同種類「Italian Parmesan Oregano or Honey Oat?」（巴馬乾酪或蜂蜜燕麥？）。我覺得這就是表達自己想法的勇氣，只要不害羞，在不同文化的環境中努力做自己，語言真的可以進步很多。

我不禁想起我和太太在美國參與的台語教會，那裡的台灣移民媽媽們並沒有在美國唸什麼學位，英文程度哪裡有台大學生好？但她們卻用不標準的發音、少量的單字，就可以跟保險業務員熟練地周旋、買賣房子自信地殺價，甚至上法庭用英文打官司，背後的秘訣其實就是熟能生巧，不怕使用英語，勇敢表達自己的想法。

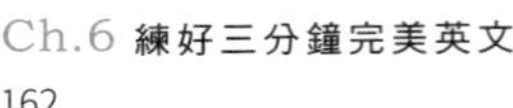

撰寫英文期刊論文的寶貴練習

除了努力訓練英語口說的能力，英文學術寫作的相關訓練也非常重要。

我在大學時代從來沒好好學過英文學術論文的寫作。進入芝加哥大學後，我修了一門專業的學術寫作課程「紅色小屋」（The Little Red Schoolhouse），這是一套歷史悠久的課程，開放給所有學生參加，主要教導基本的論文寫作概念。此外，學校的「寫作中心」（Writing Center）也為學生提供論文寫作方面的協助。

「紅色小屋」的課程內容給我非常大的幫助，提供了非常精闢的分析，讓我了解該如何架構一篇文章、如何開頭、如何結尾、中間段落如何串連等等。上了課之後我才恍然大悟，為什麼有些文章我看不懂；並不是我英文不好，其實可能是那篇文章的結構寫得不清楚。培養「閱讀的品味」是很重要的，要了解什麼是寫得好的文章。一篇好的文章應

該要能讓人看懂，並且看得津津有味。

即便如此，我在研究所時期準備寫第一篇期刊論文時，仍然遇到很大的瓶頸。我的指導教授很愛護學生，他會先與學生討論大致的方向，然後請學生回去自己寫寫看。如果研究生寫不出來，他會請學生抱著電腦到他的辦公室，由他講一句，學生跟著打字一句。我老闆會說：「這樣不是很簡單嗎？你照著做不就好了？」他習慣以「手把手」的方式來指導學生寫論文，但我自己並不想這樣。我覺得以這種方式寫出來的論文是教授的，或者是教授想要的東西，並不是學生自己想要寫的論文。

然而，我的第一篇論文努力了三週，還是沒什麼進展。指導教授很不開心，對我說：「Snow，我已經跟你講過要這樣那樣寫，難道還不夠直接明瞭嗎？不是很簡單嗎？為什麼你還是沒完成？」（Snow, I've told you to just write down what I said. Isn't it straightforward? Isn't it easy? Why didn't you get it done?）

我記得自己勇敢對他說：「可能因為我想要學著自己寫……」（Maybe because I want to learn how to write......）這是我鼓起所有勇氣才能講出來的話，為的是忠於自己的內心。我相信他以原本的方法幫助了很多學生，實驗室有個學妹就與他合作愉快，寫出很好的論文，只是我不習慣由人家牽著我的手來做這件事。

後來，指導教授慢慢能理解我想要學習寫英文論文的心情。對他來說，來自非英語系國家的學生想要自己寫，根本是有「憨膽」。其實呢，**放手讓學生去撞破頭、拚命嘗試，這樣的過程對指導教授而言也是一種學習。**

後來，我有幾篇論文刊登在不錯的期刊，有的文章甚至收錄為「主編精選」（editor's pick or featured article），都是靠著不間斷的學習，把自己的意思用各種不同的句法寫出來，再逐漸改成好的句子，也就慢慢學會用英文寫學術論文了。

一生一定要去一次的研討會

事實上，如果有英語方面的優勢，比較有機會走向國際，獲得交換學生或研究機構的實習進修機會。譬如我從研究所時代就經常去大型機構實習，包括二〇〇一年獲得「美國國家科學基金會」的優秀研究生日本研修獎助，前往東京的索尼電腦科學實驗室（Sony Computer Science Laboratories, Inc.）進行短期研究，學習人性化電腦介面的軟體與硬體開發。二〇〇二年，我獲得美國能源部勞倫斯利佛摩國家實驗室（Lawrence Livermore National Laboratory）醫學物理與生物物理部門的「優秀工程技術人員」獎助，暑期到那裡進修，研發光學模擬計算，奠定我現今研究的基礎。

此外，擁有好的語言能力，也能幫助你和世界級的頂尖研究者結緣。以我的經驗為例，要從二〇〇四年第一次參加「高登醫學與生物雷射研討會」（Gordon Research conferences: Lasers in Medicine and Biology）說起，這是個很

特別的聚會，也是我有生以來第一次參加的研討會，值得與大家分享。

我有三位共同指導教授，其中一位瓦迪姆．貝克曼（Vadim Backman）強烈建議：「如果一生中只去一個研討會的話，一定要去高登研討會，你去了這個研討會，就會知道它非常不一樣！」果然，我不但持續參加了將近二十年，二〇二四年還將成為這個研究領域的第一位亞洲人主席。

高登研討會最早是一九二〇年代末期在美國約翰霍普金斯大學舉辦的暑期聚會，後來於一九三一年舉辦第一次正式研討會，至今已有九十多年的歷史了。早期涵蓋的主題是生物、化學和物理等基礎科學與相關科技應用，現在則擴充到將近四百種不同的主題，各自在全世界挑選人煙稀少、風景優美的地點舉辦研討會，就是希望能營造氣氛輕鬆、自由討論的氛圍，形成一種特殊的風格，每年總共吸引將近四萬名研究人員與會。

在我研究的光學模擬領域，現今能作宏觀、嚴謹、大尺度研究的科學家不多，尤其要應用在生醫光電領域更是非常不容易。一般來說，如果作的是前瞻性的研究，經常有機會要與全世界的研究人員彼此交流，需要頻繁出國開會、與外國研究者社交往來，因此語言流利、溝通無礙是很重要的。我能獲得「高登醫學與生物雷射研討會」遴選為創會以來的首位亞洲人主席，想來我對外國人士與文化的了解度，以及能用英語充分表達自我的想法，這些方面幫了大忙。

其實擔任教授以來，我參加過不少數千人的超大型會議，例如在美國舊金山舉行的全球重要光電展會「SPIE西部光電展」（SPIE Photonics West）。像這樣的大型研討會，經常就是有人報告、有人提問、大家客套回應，比較缺乏深層的互動。高登研討會則很不一樣，只邀請傑出研究者來發表與討論，與會者從事的都是當代最新穎、最尖端的研究，或是正在崛起的新興發展。通常與會人數不多，約一百人上下，與動輒幾千人的大拜拜式研討會很不一樣。

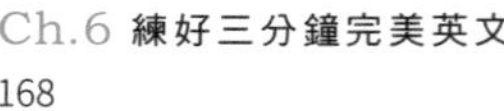

很有趣的是，高登研討會的開會地點向來選擇鳥不生蛋的偏僻地方，例如我二〇〇四年第一次參加時，會議地點位於新罕布夏州的一所寄宿學校「胡德尼斯中學」（Holderness School），距離波士頓開車將近兩小時。會議為期一週，由於地處偏僻，交通不便，出入有困難，因此所有與會者都住在高中生的學生宿舍裡。當時我還是留學生，但一開始依然很不習慣，因為房門不能上鎖，可以想像那些德高望重的教授們應該也不習慣，彷彿回味學生時代的「戰鬥營」生活。我全身上下最貴重的東西就是筆電，因為擔心遭竊，只好背著筆電走來走去，看大家也都是如此防備。過了兩、三天，所有人才慢慢放輕鬆，不再辛苦背著筆電四處走動。

高登研討會有趣的地方是你無處可去，只能跟那些「在教科書上出現的人物」日日夜夜聚在一塊兒，從早飯、午飯、晚飯直到宵夜，不斷交流切磋。一般研討會參加人數眾多，彼此只有客套問候，常常沒有時間深入討論。而寄宿學校只有一間公共澡堂，學術界一些赫赫有名的大老們，也

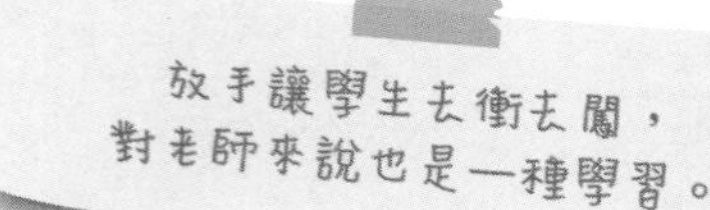
放手讓學生去衝去闖，
對老師來說也是一種學習。

就這樣與你一起赤身裸體沖澡，而且在澡堂外的走廊上碰到，大家身上多半只圍著一條大毛巾；聽說我的指導教授就只圍著一條毛巾去洗澡，洗完竟忘了自己住在哪一間！在這樣的場所開會，人人近距離相處，彼此信任，很容易就專注在學問上頭，與會人士有很長的時間深度交流、進行學術辯證，是很棒的體驗。

請給我三十秒的時間

說到這裡，也順便提到我第一次參加高登研討會發表海報的經歷。一般學術研討會發表海報（Poster Presentation）的現場，很多人走馬看花，或者因為害羞，並不會特別想找發表人多聊聊；有些台灣學生受限於英語能力，甚至希望沒有人關注自己。

其實我也不例外，一開始也只想隨興瀏覽，甚至看到一些受邀的講者走向我的海報，還會下意識逃避對話。但接著心想，都已經來到這裡了，該怎麼做才能多得到一些

收穫呢？

於是，我主動走過去，對一位受邀的講者說：「Hi! Thanks for your interest! Can I give you a thirty-second presentation or five-minutes presentation?」（嗨！謝謝你來看我的海報！我可以為你花三十秒或者五分鐘介紹我的研究嗎？）

其實大多人只是隨意看看，並不想聽講，不過一聽到我提供三十秒的介紹，馬上說：「Sure! Sure! Yes, please give me the short version.」（當然沒問題！請給我簡短版的介紹。）

我覺得這方法不錯，既能讓來看海報的人比較放鬆，我只需提供簡短的介紹也會比較有自信。有趣的是，每次問人家想聽三十秒短版或五分鐘的長版介紹時，絕大多數的人都笑著說：「三十秒就好喔！」對於「只講三十秒」的我，大家都很樂意接受。有興趣的人自然會再繼續要求聽長版，

所以彼此的互動輕鬆愉快。如果有不錯的英語表達能力，就有這樣的機會與更多人互動，參加研討會時得到額外收穫，讓我更不害怕與別人交流。

幸運的是，除了我自己主動出擊所得到的額外收穫，那次發表的海報也得到不錯的回饋。高登研討會結束前，照例會票選出優秀的海報。當年研究生製作的學術海報多是黑白印製，相當樸實，而我卻印製了一張大型彩色海報，印刷精美，並以一個電磁波形作為背景，很多人看了印象深刻，紛紛對我說記得我的海報：「Oh my god, this is a monster!」（天啊！好一張怪獸級的精美海報啊！）為了製作海報，我花了很多心血，很高興聽見許多人讚美內容和呈現方式震撼力十足，應該滿有機會得獎的。

然而，海報發表會為期兩天，卻好像沒有碰到評審委員來看我的海報？正當我認為大概沒希望了，沒想到我的名字竟出現在「年會傑出表現獎」的得獎名單上，讓我非常驚訝，對於博士生的我來說，這是很大的鼓舞。我獲頒獎狀一

只，這個不崇尚物質的研討會，連獎狀都是以一張白紙印成，上頭簡單寫著「500 US Dollars」（五百美元）。看起來有點陽春，不知是真是假？主辦單位信誓旦旦說，回去以後你的帳戶就會收到五百美元啦！當真？有這麼好？真的不是詐騙？我喜出望外，這是我有生以來第一次拿到學術界頒發的獎狀和獎金呢！

沒想到經過多年後，我也即將擔任主席，頒發「白紙獎狀」給極富潛力的傑出學生了。這個研討會最近更名為「高登醫學與生物光學與光子學研討會」（Gordon Research conferences: Optics and Photonics in Medicine and Biology）。

高登研討會從此成為我心之所棲，每隔幾年我就會回到這個會議上，與諸位光電領域的「神級人物」碰面，聊聊自己的研究進展，大家就像老朋友一樣，對我的研究發展與未來應用很感興趣。

現在的大學生會在學校裡碰到不少國際學者和研究

生，也常有交換學生的機會，在學期期間可以到國外增廣見聞，見習不同的高等教育傳授方式，並與各國大學生彼此互動。如果能把握機會好好提升自己的英語能力，能夠流利表達自己的想法，更能讓你跨出舒適圈，走向國際。

Ch.
7

實現目標

成為自己人生的工程師

你想成為什麼樣的自己？

莘莘學子們往往認為，把一個學科念好就已經要花很多心思了，哪有什麼時間思考未來要走哪一條路？於是，很多成績優秀的學生空有考試的能力，卻無法找到自己適合的發展方向。我當年讀高中時，身邊也大多是「以聯考分數來決定志願」的人。現在的高中生雖有較多管道了解大學科系，但說到未來的道路要往哪邊走，常常沒有經過深思熟慮。到底要成為怎麼樣的自己，這是比鑽研學科更重要的大方向問題，大學生反而本末倒置，少有機會認真深入思考。

近年來，新聞中有愈來愈多大學裡的自傷傷人、恐怖情人、情緒崩潰案件，或許其中一個可能的原因是，年輕人沒有想清楚，除了當學生，還有什麼其他的人生功課？自己又是什麼樣的人？究竟要往哪裡走？

我近年來開的一些課，包括「進階領導專題」、「設計你的人生」、「生涯探索：成為進階版的『你』」等等，

其實就是以「自我反思」為重點，鼓勵學生先了解自己，再向外多方探索，在過程中了解你究竟有哪些最重要的特質，同時尋找更多資源，發掘各式各樣的可能性。

我雖然不是諮商專家或心理學家，但一直覺得，比起「光學傳播散射模擬」、「數值方法」等等我擅長的專業課程，對我來說在台大教導這些具有省思意義的「人生實作課程」更重要。專業課程充其量只是幾門學科，然而攸關人生規劃之類的大方向課題，可能涵蓋了十多個學門。我很慶幸能開設自己真正想傳授的課。

We experience! We cooperate! We make impact!

「台大領導學程」創立於二〇〇八年，主要希望培養學生團隊合作、領導溝通的能力。我在二〇二〇年接任領導學程的副主任，二〇二一年二月起擔任該學程主任。我認為，領導學程適合「想當領導」或「學習怎麼被領導」的學生。選修的學生來自各個領域的各個科系，特別是有些人想

做的事情超出本科系的範圍，比如想要實踐社會服務的理想，那麼選修領導學程就是絕佳的學習機會。

雖然我個人對「領導學程」這個名稱覺得還可以再討論，因為有點太嚴肅了，不過總地來說，課程的宗旨是透過同儕合作的方式，讓學生拓展實際服務的經驗。在團隊合作的過程中，有人統籌領導、有人輔佐協助，而每個人都需要了解領導的相關元素，大家同心齊力，讓事情和工作得以完成。

「台大領導學程」的口號 Slogan 是「We experience! We cooperate! We make impact!」， 講求體驗與合作，並創造正向的社會影響力。學生著眼於生活中需要改變的現象、需要解決的問題，尋找志同道合的夥伴，主動發起專案，一起合作執行，達成最終目標。領導學程的可貴之處在於，台大學生個個有稜有角，有自己獨特或許固執的看法，在這種情況下，該如何學習與別人合作？每個人都有自己想走的方向，身為其中一員，要如何合縱連橫？或許是說服別人加入你的隊伍？或許需要先贏得別人的認同？無論什麼策略，都需要

形成共識，一起合作完成專案。而萬一自身的理念或計畫無法獲得團體接納，又該如何決定採用哪個人提出的點子，作為團隊執行的專案？如何放下己見、融入他人，彼此相互配合？這些都需要透過一次又一次的討論、磨合與練習。

其實呢，我一開始接觸領導學程，只是去見習和旁聽而已，結果發現許多學生發起很棒的專案、做出精采的成果，讓我非常感興趣。二〇一二年，我受邀去教「進階領導專題」，這是領導學程的必修課程，以實踐和執行專案為主，前兩週進行授課並分組討論，由各組蒐集資料，擬定明確目標，討論出實際可行的實踐方式，再規劃完整的企劃提案。到了第三、四週上課時，學生要提出完整的企劃案，彼此交換意見並檢討可行性。之後開始執行企劃案，進而完成目標，達到實際的成效。

學生提出的企劃案五花八門，我印象很深刻的是「晨行人」（Morningers），這是幾位台大領導學程的學生和教授在二〇一〇年發起的活動，號召全校師生在早晨七時到操

場慢跑，希望藉此改變大學生普遍不健康的作息，養成早睡早起、規律運動的習慣，進而培養自律管理的能力。活動的概念簡單明瞭，後來愈辦愈成功，演變成領導學程的大型活動，至今已逾十年。

當年的「進階領導專題」還有另一組企劃案，學生想要到宜蘭協助高中生舉辦讀書會，藉由台大學生的參與，鼓勵大學生與高中生進行批判性的思考。那時候我聽到這個企劃案，覺得執行起來會滿困難的；想想看，學生要大老遠從台北跑去宜蘭，到底能持續多久？可是呢，他們不但把讀書會成功辦起來，宜蘭的學生、家長甚至老師們的反應都很熱烈，後來讀書會同樣成為我們永續辦理的好案例。這證明只要有心，即使是當初不被看好、感覺限制很多的專案，都可以執行得很成功。

不過呢，當然也有一些團隊執行得不甚理想，甚至組員之間分崩離析。換個角度想，**有失敗經驗未嘗不是一件好事，學生可以從中學習如何避免失敗，這樣的養分能讓他們**

進一步找到成功的秘訣。我記得有一組學生剛開始充滿熱情，但是直到期末發表會結束之後，那一組成員才在個別約談時承認，他們其實早已貌合神離、同床異夢，只是勉強撐到期末發表完畢。我一方面雖訝異同學們隱藏得不錯，另一方面也覺得遺憾，他們或許應該更早一點坦承面對。從崩壞中也可學習「跟哪些人合作可能會不成功，該如何協調才能達成共同目標」的經驗，避免重蹈覆轍。

說到失敗經驗的體會，我不禁想起以前有位大一學生跑來找我，想要說服我讓他選修「進階領導專題」。記得第一次見到那位學生的時候，他以淚洗面，說在原來的科系不快樂，一心想轉到化學系。我覺得他很壓抑，心裡也有很大的糾結放不下，無法面對自己目前的人生。我引導他去思考「失敗」這回事，他似乎沒想過「萬一轉系不成功」該怎麼辦。可能有哪些因素造成轉系失敗？不轉系難道就完全否定自己了嗎？最沒有辦法接受的又是什麼？事實上，坦然面對自身的失敗也是一門功課。

他與我聊過，仔細思考之後，痛定思痛面對自己的缺點，然後全力準備轉系，同時也作了最糟的心理準備。最後結果是好的，他轉系成功，過得愈來愈精采，完全超乎我的預期。

從物理系轉到電機系的心路歷程

說到轉系，我自己也是從物理系轉到電機系，那段過程是一段寶貴的經驗談。

當年我在芝加哥大學考完博士資格考，照理說應該要找指導教授，決定博士論文的題目了。依照慣例，接下來的五年八年要好好鑽研這個題目，成為一名真正的物理學家。就在我準備這麼做時，突然覺得背脊發涼。我真的想要當物理學家嗎？這是我長久以來的志願，但隱隱約約又覺得自己和其他物理系同學不太一樣。我要一直走這條路嗎？從某方面來講，感謝老天爺讓我生了一場大病，休學兩年，幫我踩了煞車，讓我有時間思考：未來到底想做什麼？我想要修讀

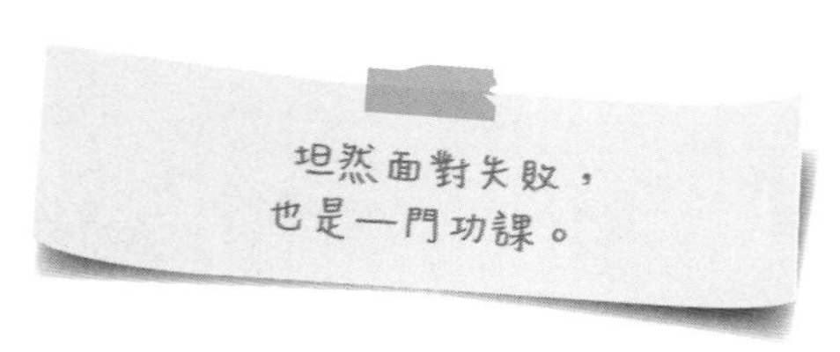

物理，是因為真的對物理有興趣，還是只為了窮究事物的道理而已？

大病初癒後，我帶著全新的人生體驗，回到芝加哥大學，再度面對熟悉的環境，更迫切需要思考自己究竟想做什麼。在眾人的驚訝聲中，返美的頭一年，我決定不找指導教授，而是一邊當助教，一邊釐清我想要當物理學家的初衷。雖然有考慮追求其他興趣，但當下其實沒有很具體的想法，並沒有準備馬上轉系。

就在那時候，我發現 GRE 成績快要過期了（有效期是五年），萬一過期，需要很辛苦再考一次，轉系就變得很麻煩；如果真的要轉系，一定要把握 GRE 成績還有效的這個機會。此外，由於身體狀況尚未完全恢復，獨自一人回到美國生活也很忙碌，我暗暗思索，也許野心不要太大，只鎖定芝加哥附近的好學校，從中挑選想要修讀的實用科系即可。

病後的我，生死觀與人生觀都變得很不一樣，我其實

已經意識到當初念物理系的動機，僅是想要窺見大自然的基本道理，而台大物理系的名號，則像是我一直想要衝刺的終點線。我很期待物理系能用系統化的方式教我所謂「萬事萬物的道理」，倒不是因為我非常熱愛鑽研物理問題。

然而，我像是套上了一頂「大帽子」，覺得「轉系」或是「休學」的物理人，都會被認為是不夠聰明、能力不夠，才會念不下去。不僅我的很多朋友都這樣想，連我自己也如此深信不疑。我花了很長時間與自己對話，慢慢了解內心深處真正想要的是什麼。經過幾個月思考，我逐漸說服自己：好，我拿到一個名校的物理碩士，夠了。其實我比較喜歡的是「實作」，最想做的事情並不是「鑽研」物理，而是「應用」和「運用」物理。我沒有臨陣脫逃，也不是物理系讀不下去，而是清楚知道，我不想繼續停留在這裡鑽研物理。我想要跨入下一個階段。我足足花了一年時間與自己對話，才把這個「物理系逃兵」的大帽子給拿掉。

於是，我在一九九八年申請轉學。考量到 GRE 成績即

將過期，我決定把握機會趕快申請；這種「防患未然」的個性幫了我大忙。一般來說，申請學校必須準備成績單、推薦信、讀書計畫等，需要全心全意投入，也要花很多時間思考。但我剛考完資格考，加上大病一場，不但元氣大傷，想法也與大學畢業當年已經很不一樣了。我是個未雨綢繆的人，自知動作不快，也不愛承擔「死線」的壓力，做什麼事情都提早慢慢預備，因此決定事先好好思考這次申請轉學的最佳策略。

大學剛畢業時，我生怕沒有學校可以念，一口氣申請了十幾間。但歷經一場大病後，體力大不如前，不可能準備這麼多申請資料，再加上現在很清楚自己要的是什麼，因此這次申請轉學，我只挑了生物工程系、電機工程系、應用工程系和應用物理系。雖然一邊讀書、一邊當助教非常忙碌，但仍盡力完成申請資料，送出之後就安心等待結果。

人生的際遇很奇妙，五間學校放榜，四間拒絕了，只有一間接受我，還給我全額獎學金，涵蓋學費和生活費。這

間學校就是我的母校，西北大學電機系。

說實在的，我在台灣從未想過要念電機系：第一，台大電機系？我的高中成績差太多了，根本考不上。第二、除了相信電機比物理實用外，我其實不大清楚電機系的學習內容。但經過研究，很高興地發現電機系和物理系有很大的關聯，根本就是「應用版的物理系」嘛！物理系想要探討的是自然界的基本道理，也想知道這樣的道理是不是同樣適用於其他的時間、空間甚至整個宇宙。然而，電機系就不管這些道理，而是強調「實作」，純粹探討我現在如果要做出一輛車子或一架飛機，要用什麼樣的方法才能做出來。基本上就是建立階段性的目標，一步一步實際做出來，這或許就是所謂「工程師的思維」。

我很感謝指導教授泰福勒，他是「模擬電磁學」這個領域的大師，研究專長是用數值方法來解開電磁學的問題，是教科書上會出現的「大老級」人物，也是電磁波模擬學界爭相膜拜的大神。雖然是這麼有成就的學者，但他很關心愛

護學生，也給學生很大的學術自由，放手讓我這個從物理系轉來的學生選擇自己的研究主題，真的是「你愛幹嘛就幹嘛」。他與我之間亦師亦父的關係，以及非常開明的指導方式，大大影響我日後指導台大研究生的態度。

重要的跨領域學習經歷

雖然是下定決心才轉系，但我是轉到電機研究所後，修了各式各樣的課程，包括電機系大學部的基礎課程，例如數位通訊、數位訊號處理等，才真正意識到，物理系和電機系同樣都教普通物理、微積分、電磁學等學科，但兩個學門看待事情的角度很不一樣。其實這些課與我指導教授的研究沒有太大關係，但是能讓我這個「物理人」盡情探索，好好奠定電機方面的知識。

要了解物理系和電機系的思維有什麼不一樣的地方，以下是個很好的例子。我剛轉到西北大學時，修讀應用數學系的「偏微分方程數值解」這門課，教授討論的是「解 X

值」和「平方根」之類的題目。在課堂上，我提出一個問題：在「解 X 值等於多少」之前，是不是應該討論一下，這個 X 值會不會收斂？（因為有些數值解是發散的，也就是有可能變成無限大，或者數值不固定。）也許在本質上，這個數值可能是沒有解的，所以我認為在解題前應該先探討這一點，因為這個題目的解有可能不存在啊！

我當時覺得自己提出一個非常重要的好問題，正期待教授對我投以讚許的眼光，但完全不是這麼一回事。教授反而滿臉吃驚地看著我，說道：「Who cares? It works! It works!」反正意思就是說，你管它是收斂還是發散？這一點都不重要啊？有數字就有解，解得出來就好了呀！看著他的表情，我覺得他心裡想著：「這學生是從哪裡來的？問這什麼爛問題？完全不重要呀！」

那一次經驗帶給我很大的震撼，明顯感受到電機系和物理系雖然修讀很多同樣的科目，可是兩個學門的邏輯、信念和價值觀是截然不同的。我猜想，我的物理系同學會津津

有味地討論：「這題有沒有答案？這答案是不是有意義？是收斂？還是發散？適用時間有多長？適用於哪些問題？幾百年前也是同一答案嗎？過了幾百年會不一樣嗎？」身為「前物理人」，我認為探討這種形而上學的問題才是重要的根本。物理系經常探討幾百萬光年之外發生的事情，或是幾百萬年以前以後發生的事情。沒想到，電機人根本不重視這個！反正計算下去就是了！你算得出來就有解，算不出來則沒解，就是這樣啊！

從修課中，這是我第一次深切體會到理學院和工學院的差異，而這種「跨領域」的意識，幫助我以後能與不同領域的研究人員互相對話。

往後我有機會與各種領域的人相處，包括理論物理學家、化學家、化學工程師、電機工程師、應用物理工程師、醫學工程師，或是醫師、護士等等，我試著去了解他們原本領域的哲學和價值觀，理解不一樣學科背景的人會有什麼樣不同的想法和感受。

我個人的這種跨界經驗與思考，正好能夠用來引導學生找到未來的方向，釐清自己究竟比較適合理學院、工學院、文學院或法學院的課程，然後鼓勵他們實際去選修一些適合的課。我會用自己的案例與學生分享，然後問學生：你想做什麼？為什麼？你覺得這個問題的核心在哪裡？你想做某件事是因為很喜歡，或是有別的原因？

我在台大很鼓勵學生跨領域學習，因為不同領域的價值觀和治學方法是不一樣的，若能掌握到其他領域的核心，那麼你做學問的基礎就會更加寬廣雄厚，更能集各家之長。我很高興自己先念了物理系，繞了一圈之後，意識到我對「幾百萬光年」這類遙不可及的事情沒有太大興趣，然而物理系讓我奠定了扎實的理科訓練基礎，等於預先鋪了路，讓我能夠拓展到電機的領域。如果重來一次，我也會選擇這樣的跨科系學習，也許只有走過一遭的人才能明白我的心路歷程。

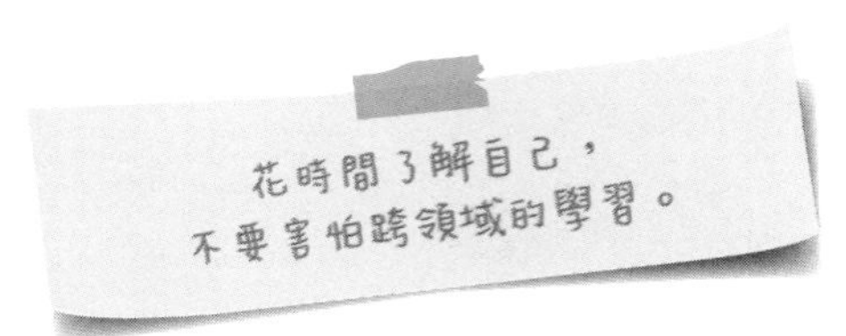

花時間了解自己，
不要害怕跨領域的學習。

以工程師思維實現目標

我真心喜歡電機人的思維，因為電機人設定的目標在實際上可以應用、可以看到成果。

我在生病癱瘓期間，照過無數次電腦斷層與磁振造影檢查。後來到西北大學專攻生醫光電，博士論文題目就希望能與醫療方面有關。其實我是看到血就幾乎要暈倒的膽小鬼，所以做不成醫師；如果能開發一些醫療技術，對於研發醫療儀器有所貢獻，也算是以間接的方式幫助病人。指導教授泰福勒的專長雖是電磁波模擬，但因為我想進入生物醫學領域，他便引導我思考光電在醫療方面的應用。

於是在博士研究期間，我開發了一套光學模擬計算軟體，可以精確模擬生物組織的光學性質並進行分析。簡單來說，人類的生活中有許多光學儀器，例如投影機、LED 照明等，皆屬光學的應用。至於「生醫光學模擬」，指的是用光學儀器去研究生物組織，取得數據，再透過電腦進行分析

和運算，深入了解細胞和組織的特性。這在醫療方面有很大的應用潛力。

因此，我從物理系轉到電機系，在工學院找到自己有興趣研究的應用題目，這段經歷的訓練讓我得到教學靈感，在領導學程開了一門課，叫做「以工程思維實現你的目標」。這門課以實作為主，鼓勵學生挑戰自訂的目標，培養自己成為「人生的工程師」。課程內容包括了深入思考自我價值的定位、訂定大學階段想要實現的實際目標，當然還需要規劃清楚的執行方式。

舉例來說，像是道路、飛機、汽車和電視，這些都是工程師研發製造的產物；達到「實際可用的目標」，正是工程師的強項。工程師可說是改變這個世界的實作者，一旦擬定確切的目標，他們便會找出可以執行的方法，使命必達。其實呢，人生的目標也可以利用這種策略來達成。

比方說要蓋一座滑水道好了。我身為「前物理人」，

其實很缺乏「把東西實際做出來」這樣的概念。物理人可能會探討：什麼樣的滑水道能滑？怎麼滑？應該計算出需要多少水才能滑水吧？然而，我發現工程師根本不管這些，他們很實際，只想達成使命，心裡想的是這樣：確認要建造的目標是什麼？釐清這個東西有什麼特色？需要哪些素材來建造？滑水道需要有水源，需要滑溜的管道，水流下去之後需要想辦法回收，也要思考回收時使用什麼樣的能源。總之，根本不用計算需要多少水才能滑水，反正如果水不夠，就再多灌入一些水啊！

工程師會針對問題先做一些客觀的分析，評估需要哪些材料，將所需材料明確列出，等到每種東西、每個條件都完備了，就表示愈來愈接近實現目標的一天。計畫失敗了沒關係，工程師最擅長探討問題出在哪裡。**工程師的思維就是：拆解問題、克服問題，反正做出來就對了！**

因此，「以工程思維實現你的目標」課程，就是從這樣的工程師思維出發。學期剛開始時，我在課堂上以一些小

作業引導學生，例如先撰寫一篇「我想要……？」為題的文章，請他們闡述自我目標；接著鼓勵學生實際採訪一位重要人士，可能是校長或學務長。說起來簡單，但希望他們能在過程中學習到：你要如何說服忙碌的大人物受訪？如何提問？同時也要思考，在提問的過程中，如何設身處地為他人著想？其中每一個環節都需要磨練。

此外，我也幫學生設計了各式各樣的作業和課題，例如如何與某某人溝通、如何尋找伴侶、如何面對自己最軟弱的一面等等。以「溝通」這個主題為例，我請學生想像，一旦雙方的溝通出現問題，你應該靜下心來好好思考的一些問題：

一、你覺得問題是什麼？
二、你覺得他在意的是什麼？
三、你想要怎麼去處理？
四、預期結果會如何？
五、真正結果如何？
六、事後你的感想？

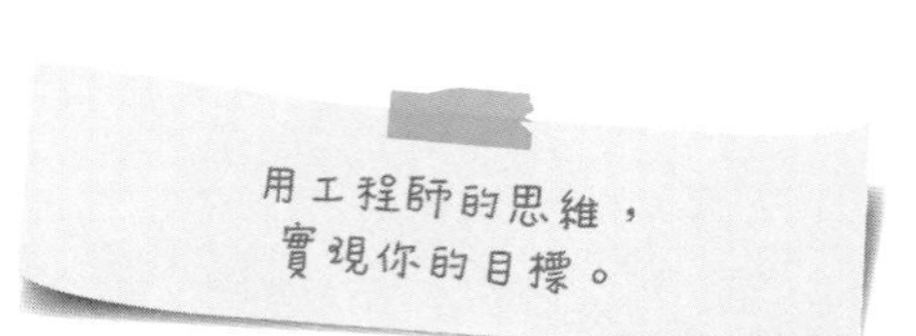

到了期中考，我又請這些「菜鳥工程師」提出具體的企劃。每個人想做的事不同，規模或小或大，我請他們規劃出一個學期之內可以完成的短程計畫，用六週的時間去實踐它。

藉由種種順利或不順利的過程，我希望引發學生去思考一些課本以外的問題，也許過去因為專注讀書而較少想過。像這樣的課堂作業，學生的反應非常好，儘管這跟他們提出的企劃案或許沒有直接的關係，但是各方面能力都加強後，自然有助於企劃案的完成。

我覺得，台大學生在「人生實作」這方面的經驗和能力實在很有限。我希望每一位學生不只是很會唸書，也要成為「廣義的人生工程師」，提出他在眼前的人生階段想做的事情，進而思考如何實現目標。我希望能幫助他們擬定自己真正想做的專案，學習靈活運用各種方法，努力實踐想法、解決問題，最終達到想要的成果。

Ch. 8

成為進階版的你

一點一點邁向明日願景

串連起未來的每一個點

我常引用蘋果創辦人史蒂夫．賈伯斯（Steve Jobs）二〇〇六年在史丹佛大學畢業典禮上發表的一段演說：

我在念大學時，當然不可能往前看去，把未來的一個個點連接起來。但是十年之後回頭看，卻能看得非常、非常清楚。

再說一次，你不可能往前看，串連起一個個的點；只有回過頭看，才能把它們連接起來。因此你必須相信，那些點一定會在你的未來以某種方式連接起來。你必須對事物懷抱著信念，也許是你的膽識、命運、人生、因果等等。這種方法從來不曾讓我失望，也徹底改變了我的人生。

賈伯斯的這段話，我想很多人都聽過。人生的某些事件發生時，我們當下不知道它的意義，但事後回過頭去看，就是因為那些事件串連起來，你才能抵達現今所在的位置。

我很喜歡賈伯斯提出的概念。更進一步來說，**與其讓人生的那些事情被動發生，事後回想才發現那些事情與你的未來有關，我更希望學生能夠積極往前看。**你想走到哪裡去？譬如我做了大膽的夢想，希望二十年後當上台灣的總統或行政院長。描繪了這樣的目標，現在你要怎麼串連未來人生的二十個點（若一年有一點的話），讓你能夠更加順暢地走向目標？中間的二十個點會是什麼？能不能訂出階段性的目標？比如說，成為行政院長需要有哪些能力？這些必須經歷的一個個點，最後會連成一條通往目的地的線。

當然，人生充滿驚奇，我們無法確定往後的點和點之間會不會按照你的預想來進行，但至少設下一些中間點，這樣似乎能更加靠近目標，不是嗎？多年前我舉辦「未來晚會」，請學生分享二十年後的自己，強迫他們去描繪「距離現在的自己很遙遠的未來」。我鼓勵學生往第一個階段性目標前進，做得到嗎？做到第一個點困不困難？為什麼無法往第二個目標前進？第三個目標點呢？再以賈伯斯為例，他事後回想過去所發生的一個個事件造就了今天的他，那麼**我們**

能不能反過來，化被動為主動，積極靠近明日的我？

人生軌跡往往出乎意料

回想起自己一路走來的經歷，其實我是意外走上台大教授之路。回過頭去看，把路途上的點點滴滴串連起來，累積成現在滿滿的人生收穫。

我從來沒想過會在台灣當教授，更沒想過有一天會回到台大教書，因為從小就覺得台大的老師職位應該擠破頭都擠不進去，想必研究成果要非常非常優秀。除此之外，我原先的人生規劃是拿到博士學位就去業界工作，相信業界的薪資比學術界要高。

我覺得，若想了解某個領域，最快速的方法就是直接去業界的知名公司工作，看他們在做什麼、需要什麼樣的人才。二〇〇〇年的暑假，我向美國知名的航太與國防科技公司「諾斯洛普-格魯曼」（Northrop Grumman）提出申

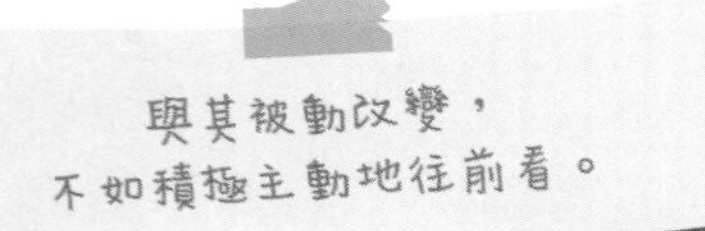

請，成為任務系統實習工程師。那一年暑假，我有兩個重大體會：一，就算是實習生，薪水也比博士生高了四倍，賺取多少時薪清清楚楚！二，成為朝九晚五的上班族，時間很不自由。

記得實習時，一大早就必須開車一小時去公司，中午吃飽很睏，卻不能趴下來睡覺，因為美國人大多不午睡。我甚至曾躲到廁所去，坐在馬桶上打個盹，不然精神無法集中。領薪水不好意思大搖大擺趴下來睡覺，但我大病一場之後，體力其實無法負荷連續九小時的高強度工作與來回兩小時的通勤時間，於是一整個暑假的工作壓力讓我爆發皰疹。在業界的那段經驗，讓我深刻體會到：當學生的時候，想出去散步就出去散步，想打球就去打球，想喝杯咖啡也可以喝咖啡，真是很幸福。但是在業界上班，時間並非掌握在自己手裡，也不能想做什麼研究就做什麼。那是我第一次覺得，也許學術界可能滿適合我的？

我在諾斯洛普-格魯曼實習的單位，做的是「紅外線反

制措施」（Infrared countermeasure, IRCM），是一種裝設在飛機上的防衛裝置，一旦偵測到敵方的紅外線導引飛彈射過來，這種裝置就會對著飛彈照射紅外光，讓飛彈無法瞄準。這是光學科技在國防武器上的應用，對我來講很有啟發，因為我身為光學領域的研究人員，以往只專注於光學部分，從未想過整個系統若包含光學、輪軸、機械反應等等，究竟要怎麼樣發展整合型的計畫，才能用有效又快速的方法達到預設目標。身為系統工程師，必須整合各種知識並加以應用。那次實習的經驗，對我日後的發展造成很大的影響，教導我學習以全方位的角度來思考一個問題。

然而，儘管工作還算有趣，我的內心卻感到有點忐忑，畢竟我參與製造武器。會不會有一天看到新聞報導，得知這類裝置造成飛彈誤擊村莊，有大量村民無辜死傷？我的工作是否間接對人類文明造成傷害？所以雖然薪水高，我又能勝任，但心裡一直沒法真正喜愛這份工作。

由於原本希望拿到博士學位就去業界工作，我對於自

己的研究領域是否有進一步發展的機會並沒有特別在意。其實，我的博士論文題目是用光學模擬的方法，分析光在生物體內的散射與傳播，這個主題有不少人感興趣，甚至有些學者想要取得我開發的軟體。對於國防科技公司的實習工作心有疑慮後，我開始心想，放棄博士研究的主題似乎有點可惜？

後來，我又陸續接觸到不同的學術研究單位，包括去日本東京的索尼電腦科學實驗室參與實習， 以及獲得美國能源部「勞倫斯利佛摩國家實驗室」醫學物理與生物物理部門的獎助機會，擔任科學工程師／技術學者，每個研究經驗都讓我獲益良多。由於我的研究成果受到關注，在學術界發展應該不成問題，因此也曾換個角度想，不妨先花幾年的時間，把原本的研究作進一步延伸，之後還是可以再去業界發展。

在美國攻讀博士期間，我每年都會返台探親，並趁機與台灣學術界有些交流。二〇〇五年畢業前夕，我在台灣安

排了五場演講，包括交通大學、台灣大學、中興大學、中央研究院等機構；依照各系所的要求，每一場演講的內容都不一樣，但主題皆環繞著我的論文。其實我當時的心態還是準備到業界上班，因此只把這些學界的演講當成交流，樂意與大家分享，並沒有想要從中尋找未來的合作機會。

不過正如前面所說，我們往往無法預先設想眼前一些事件的關聯，有兩件事就出乎我的意料之外。第一是：每場演講或多或少都有車馬費！那時天真地想，我如果多講個幾場，就可以買一台新的筆電了！一思及此開心不已，馬上充滿了四處演說的動力。可是講到第四場我就累了，心想我回台灣的時間只有兩、三週，時間有限，怎麼安排這麼多演講呢？我應該把握有限的時間做重要的事才對啊。最後一場演講是在台大光電所，不知是「一念之差」或「一念之得」，我本來已經太累了，打算取消第五場演講，但轉念一想，既然都安排了，就去我的母校演講一下吧。

第二件出乎意外的事：當時的光電所所長說，他們正

在徵選助理教授，問我要不要申請。我第一時間婉拒了對方的好意，表明自己現階段的規劃是留在美國，並未打算返台工作。當時的所長建議我：「你就申請看看啊，增加一個機會也好！」我原本沒有這樣的規劃，也不想多占一個名額，但所長的鼓勵盛情難卻，我很快填完資料送出去，就回到美國，準備繼續博士後研究工作。

過了數個月正值隆冬，當時我正在伊利諾大學香檳分校作博士後研究。某天晚上，我窩在棉被裡用筆電，看到一封台大光電所寄來的電子郵件，但把我的名字寫錯了。郵件上頭寫著：「聘僱委員會通過聘請錄用，請在兩天內回覆。」我心想，這是什麼詐騙新招啊？如果是在美國，一般寄出錄取通知書後，都會給兩、三個星期的時間讓對方好好考慮。我決定先聯絡台大，一問之下，確認這消息是真的！並不是詐騙！

要不要接受台大的助理教授職位呢？我必須在兩天內回覆意願，否則就會喪失機會。我當時已經作了半年的博士

後研究，感覺有點像學生的延長版。那時正好是我生日前兩天，也是美國感恩節的前兩天，我實在不知道是否要作出這個非常倉卒的決定。學生當了那麼久，說來有點膩了，有份正式工作從事學術研究也不錯。我太太當時在美國唸書，我們兩人都覺得未來會留在美國工作，但她也鼓勵我先去看一看台灣的環境，不喜歡再回美國也可以。

二〇〇五年十一月生日當天，我正式回覆，確認受聘為台大光電所的老師。哪裡知道因為當時這個「看一看」的念頭，我回到台灣，從二〇〇六年開始在台大任教，轉眼十多年就過去，到現在已經任教十六、七年了。

不過坦白說，如果當時真要選擇台灣的工作機會，我心目中的首選是中央研究院，一方面是研究經費比較充裕，更重要的是我自以為不喜歡教書，在中研院作研究就不需要教書了。不過呢，我非常慶幸上天安排我到台大，因為後來才發現，教書比我原本的想像更有趣也更好玩。在學校教書可以跟一些很有意思的學生彼此互動，聽聽他們的想法；後

來我反而覺得，如果整天悶在實驗室裡作研究，我一定受不了。教學相長是我這些年來最大的收穫。

成為進階版的你

當年剛回到台大時，參加新進教師研習營，有幸聽到張文亮老師的演講，給我很大的震撼與啟發。現在已退休的張文亮老師，當時是生物環境系統工程學系教授，他年輕時的學習過程經歷了很多波折，從問題學生、高中念夜間部，直到大學時期遇到對學生無話不談、循循善誘的老師，他整個人突然開竅，想要認真鑽研自己有興趣的知識和議題。正因如此，等到張老師到台大教書後，非常重視在師生之間建立起良好的關係，認為這種關係的重要性遠超過知識的傳授。我當時看到他的身教，心裡很驚訝，想說怎麼會有一個老師愛學生愛到這種地步！後來我常跑去旁聽他開的課，一聽就是整學期，聽得津津有味。他對學生非常有熱誠、非常盡心盡力，我深感自己無法做到像他這樣，他讓我佩服得五體投地。

受到張文亮老師的啟發，我也加入開設「新生專題」的行列。張老師說：「新生專題是很重要的一門課，可以給大一新生一些方向。」不過我後來又心想，如果能有一門「舊生專題」，適時地引導大二、大三、大四的學生，感覺更是重要，因為舊生心中也有很多挫折，我希望能有一門課，可以讓老師們協助撫平他們挫折的心傷。

根據這些年來的觀察，大一新鮮人剛從高中畢業，或許初嘗大學滋味，初生之犢不畏虎。不過一旦遇到意想不到的挫敗，許多大二、大三、大四的學生就此一蹶不振，我很心疼這些孩子，很希望有一門專題課，在他們受傷跌倒的時候在旁邊傾聽。遇到挫折時，如果有你信任的老師或同學扶你一把，該有多好？

這正是我開設「成為進階版的你」課程的初衷。其實這就像是「舊生專題」，與「新生專題」有個很大的不同，只限大二、大三、大四的學生選修，也算是實現張老師建立良好師生關係的理念。

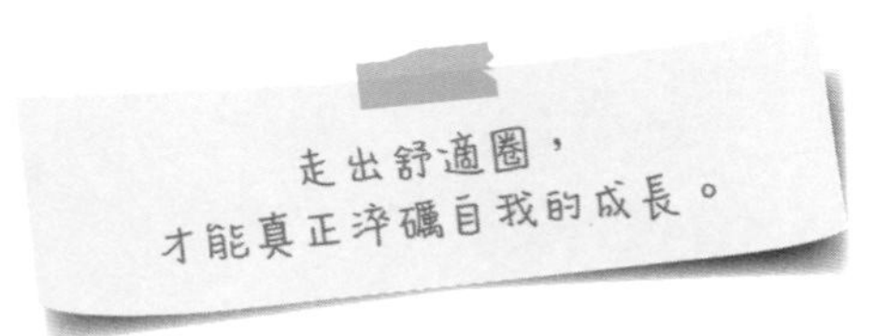

走出舒適圈，
才能真正淬礪自我的成長。

「成為進階版的你」這門課的指定讀物有兩本書，一本是美國知名劇作家羅伯・費雪（Robert Fisher）所寫的《為自己出征》（*The Knight in Rusty Armor*）。這本書其實是我念大學時我太太推薦給我的，她小時候最喜歡的就是這本書，我讀完也深受感動，對我影響很大。剛回台灣教書時，我跑去買了十幾二十本，遇到有緣的學生，或覺得這本書可能對某位學生有幫助，就會送給他們。

《為自己出征》故事敘述一位身穿沉重盔甲的武士，在他的武裝之下，別人看不到他的真心，也看不到他的軟弱。盔甲穿久習慣了，竟再也拆脫不下。其實**我們很多人都像這樣，彷彿禁錮在一個自我的保護殼之中，必須卸下外在的那個保護殼，將內心的軟弱坦率展現給別人看，才能淬礪成長。**

另一本指定讀物是《真希望我二十歲就懂的事：史丹佛大學的創新×創意×創業震撼課程》（*What I Wish I Knew*

When I was 20），是由美國史丹佛大學的教育家暨神經科學博士婷娜．希莉格（Tina Seelig）所撰述，內容很精采，我把她的很多概念運用在新生專題教材上。

例如參考婷娜．希莉格的創意教學案例，我請學生們寫「你的未來夢想簡歷」（your future resume），草擬一份「數年後的你」的履歷表。如果有學生告訴我，他目前的工作雖然還不錯，但不是真心很想做的，將來確定會轉換職涯，我就會出這項作業給他：「請你告訴我，希望自己明年、三年、五年後可能在哪裡？做什麼樣的工作？」至於設定為幾年則是因人而異，如果是準備畢業的學生，就設定為三五年；如果還沒畢業，也許一兩年；如果已經畢業很久，也許設定成更短的時間。

讓我們來看看這份「明日的你」的夢想，討論一下：你期待自己屆時具備什麼樣的經歷和技能？若是你目前已具備的經歷和能力，請用粗體字標誌。若是尚未擁有的資歷，例如擔任管理職、留學經驗、日文能力等，則用淺色

字體註記；最重要的是，請註明你預計在何年何月去實現這些目標。

這個「未來簡歷」也有一點時空膠囊的味道，我和學生約定了五年、十年之後的未來晚會，一起來看看當年的規劃與期許。我建議大家準備找工作的時候，可以拿這份簡歷直接修改。全部目標都達成了更好，直接可拿這份簡歷去用。若目標都沒達成，那麼你的時間是怎麼運用的？目前精力都用在重要的事情上面嗎？老師陪你對照實際的人生與這份「夢想簡歷」：你當時想要往這個方向走，但後來實際上又是怎麼走的？為什麼走偏了，與以前的設想不一樣？或者你覺得後來走的路才是對的？這些都是可以回頭反省思考的地方。

此外，我也參考《真希望我二十歲就懂的事》，建議學生寫一份「失敗的履歷」（The Failure Resume）：你做什麼事情失敗了？雖然失敗，但其中哪些部分算是成功？若能確實分析上回失敗的原因，下一次再遇到同樣的事情或類似

的狀況，可能就會知道如何因應，避免再度敗陣。我也寫過自己的「失敗的履歷」，因為目前是我最有感受、自覺最失敗的時候，但是整理和書寫失敗的經歷，也正是我透過深刻省察、最能幫助自己的時候。

二〇二〇年，我突然出現「水腦」的狀況而陷入昏迷，主要是因為腦中許多原有的管路塞住了，造成大腦裡面累積了很多腦脊髓液，排不出去。自從那次狀況至今動了多次手術，我的健康情況一直不太好，早上起來會有四、五十分鐘雙眼看不太清楚，就連拿一個水杯走路都做不到，手晃得很厲害，水一定會潑灑出來，令我很懊惱。

連拿個水杯這麼簡單的事情都做不好，簡直比七十歲的老人家還不如。最近這一、兩年，我不自覺處於這種自憐自艾的狀態，因為我才剛過五十歲，怎麼會好像突然變成七、八十歲的老人？身體功能突然倒退，令我很難接受，完全無法釋懷。我覺得自己真是個失敗的人。所以我該怎麼辦？

透過「失敗履歷」的自省，我意識到，其實早在二十多年前生重病時，我就應該沒救了，沒想到居然又多活了二十多個年頭，而且還很幸福，結婚生子，有機會在世界各地到處跑。那麼，現在我的思緒為何如此糾結，一直在原地打轉，無法掙脫眼前沮喪的泥淖？我畢竟還活著，沒有迫切的危機，應該要感到非常幸福、非常感恩才對。如此一想，我就能一次又一次採取理性的思考，提醒自己要感恩，下一次再遇到心情不好時，便可以訓練自己的大腦迴路採取正向思考。

幫自己整理「失敗的履歷」，我確實藉此了解內心的糾結和沮喪的源頭，感覺很有收穫。你不妨也試試看，藉此機會成為「進階版的你」！

Ch.
9

設計人生
繪製開心導航圖

塑造出理想中的自己

我不確定自己能活多久。與一般人比起來，我的人生應該會很短暫。人生無常，自從二十多年前生了大病以來，我變得沒有辦法思考太遠的未來，想太遠的事情會有一種不切實際的感覺。

我曾有過的明確目標其實不多。學生時代的目標是很清楚的，念國小就是為了念國中，念國中是為了念高中，念高中是為了念大學。我覺得在大學之前，「升學」這條路徑是非常清楚的，大部分的人也都是如此，就好像山上的一條小溪流，水一直往下流，大家的方向都是一致的。直到上了大學，有點像是到了一個海港，出了海港可以航向世界上的任何一個地方。於是接下來，有些人出國留學，有些人選擇就業，也有人去打工度假或轉換跑道，未來的路途變成充滿了不確定性，每個人要往哪裡走的機緣或選擇都不一樣。

我想出國唸書、想拿到博士學位，都是生病以前的願望。但突然間，我就病倒了、癱瘓了。那麼，接下來我的人生要怎麼走下去呢？很奇妙的，我病癒之後回到美國，順利拿到博士學位，最終回到台灣，而且回到當年曾經拒絕醫治我的台大，成為教授、接掌行政職，甚至獲得優良導師獎、友善校園獎的傑出輔導獎、獎勵生命教育國家績優獎，乃至於師鐸獎這樣極高的榮譽，其實這些原本都不在我的人生規劃之內。

這幾年來，開設生涯探索相關課程時，我經常請學生思考以下幾個問題：你是誰？你想成為什麼樣的人？你如何將自己形塑成理想中的你？（Who are you? What do you want to be? How do you plan to mold yourself into the ideal you?）譬如，你想當工程師、你想當律師、你想當市長，為什麼？你覺得做那樣的工作會特別開心，那份喜悅之情從何而來？我其實無意指點學生，只是單純想要站在朋友的角度，不是老師，也不是長輩，而是以「大學長」過來人的身分，找他們聊一聊、聽聽他們的想法，間或提出一些可能的問題或盲

點，有助於他們釐清自己的人生方向。

二〇一八年，台大物理系的朱士維教授在「創新設計學院」首度開設「設計你的人生」（Designing Your Life）課程，課程採取工作坊的形式，這樣的概念源自於史丹佛大學熱門的生涯規劃和創意發想課程，引導學員以「設計思考」的創新方法論，一同探索和定義人生的方向。相關的概念可以參考前面提過的《真希望我二十歲就懂的事》，書中對於人生創意的發想、創新概念的執行和創業理想的實踐，提出許多實際可行的訓練方法，很能激發你的思考。

「設計你的人生」這門課有許多熱情的助教與教育人士參與其中，真的為台大帶來許多正面的影響。我真的很佩服教學團隊和學員，大家願意如此熱情投入，學生的參與度很高。我近年也參與這門課，課程目標除了發掘人生各個關卡必須面對的問題，也要求學員發想獨特的解決方案。整個學期的課程包含密集型工作坊、主題討論、小組回饋、行動方案等等，探討的主題涵蓋人生觀、工作觀、愛情觀等各種

面向，完全跳脫一般學科所注重的知識性課程，非常強調獨立思考的能力和團隊合作的氛圍。

雖然「設計你的人生」不分科系皆可選修，不過要上這門課可不容易，需要事先填寫申請表單，要能通過審核才錄取。申請表除了基本資料以外，還得回答一些私人問題，像是：

- 你正在（以及未來想要）探索的領域有哪些？
- 為什麼想修「設計你的人生」課程？
- 你上一次人生「卡住」的時候，是遇到什麼問題？
- 請分享你如何解決問題，或為什麼沒有解決問題？
- 你如何看待人生當中的困難與不確定？

我和朱士維老師一直很有緣，我曾邀請他來參加我籌辦的第二屆「未來晚會」，他給我一些很受用的回饋意見。二〇一二年，他接任台大領導學程副主任，邀請我去支援，我二話不說立刻應允，很樂意去幫忙。沒想到，後來他直接

請我開設「進階領導專題」。

第一時間，我的反應相當惶恐，對他說：「我不會啊，我是來見習的！」

他卻說：「就像你辦的未來晚會，那樣子就已經很棒了。沒問題的，你非常適合！」

於是，從一〇一學年到一〇八學年，這麼多年的時間，我都在領導學程帶領「進階領導專題」。幾年後，朱士維老師又問我，可不可以參與「設計你的人生」這門課？

我照樣回答他：「好啊好啊！這方面我也不懂，我也想要學習。」

他爽快地說：「那就一起來開課啊！」

真謝謝他的賞識。一路以來，我自己的特殊經歷和所

人生充滿無數的挑戰，
同時也存在意外的驚喜。

做的事情，似乎很適合教這些人生探索類型的課程，而朱老師也一再為我開啟大門，通往這個教學領域。多年來，「設計你的人生」已經建立一套完整的教學材料，我並沒有想要改變課程的架構，如果說我有什麼貢獻的話，可能就是幫課程添加「意外」或「事與願違」這些元素吧！

人生的意外、捨得與放下

二十幾歲那一場突如其來的大病，已經讓我對於人生有諸多思考，而最近幾年，疾病多次捲土重來，強迫我思考更多「人生的意外、捨得與放下」。

二〇一五年，我的小孩才一歲多，我又開了一次大刀，距離二十幾歲第一次動刀已經有將近二十年的時間了。一開始不知道為何出現複視，走路踉蹌頻頻跌倒，後來只有十一點鐘到一點鐘方向能夠看清楚，眼球運動受到影響，左側肌力也弱，已影響到研究工作及開車。照了片子，發現腦室上下的通路都堵塞，尤其是下面相當腫大，影響到腦幹及

頸椎，導致很多地方阻塞。可以想像成魚缸裡面有一些漂浮的薄膜狀東西，把進水和出水的管路整個包住或塞住。我變成有時候沒辦法走路，眼睛看不清楚，有點像中風，所以希望在腦部壓力太大之前盡快處理。

這一次為我動刀的是台北榮總神經醫學中心的神經外科主治醫師陳信宏，他是我弟弟的同學，我們從小便認識。陳信宏醫師是台灣少數的水腦症及腦室內視鏡手術權威，他特別強調我的刀很不好開，因為我沒辦法趴著或側躺，所以需要比較有經驗的醫師。此外在開腦的過程中，隨時都有可能造成腦傷，不知道開完刀之後，我還會不會是原來的那個人。

開刀結束當晚，沒想到我又陷入昏迷，胡言亂語，彷彿變了一個人。到了半夜，我太太緊急聯絡主治醫師，懷疑是蜘蛛膜下腔出血。後來醫師照了片子，初步判斷並非大出血，而是整個腦室太過腫脹，縮不回來，於是醫師緊急處理，設法降腦壓。還好我慢慢地恢復原先的認知功能，親友

紛紛說「原本的那個 Snow 回來了！」真是有驚無險。

開腦畢竟是高風險的手術，過去我幾乎每次動手術都會出現感染的情況。很幸運的是，睽違多年後的這次手術，醫療團隊既謹慎又開明，結果算是相當成功，解除了未來可能壓迫到腦幹而造成生命危險的可能情況。最神奇的是，以前我的腦室因為過度引流而顯得凹凸不平，吸得扁扁的，但經過這次手術，已經完全恢復到原本的模樣，醫師說我的腦袋非常有彈性、脹縮自如。「現在是漂亮健康的圓弧形，正常人的大腦唷！」我聽了喜出望外，儘管術後仍須勤做復健，要訓練肌力及本體的感覺平衡，重新學習如何好好走路不要跌倒，眼睛也因為會看到雙重影像、轉動得不太靈活而容易疲倦，不過相較於手術前的緊急狀況，已經有明顯的改善了。

快閃開腦部隊

原以為一切可以往好的方向發展，不必再擔心沒辦法

正常生活了，孰料二〇二〇年八月，我突然又陷入昏迷，緊急送醫。這一次發作得更猛烈，據說我的腦室腫大了好幾倍。那一天真是十分驚險，我自己在房間內睡覺，太太和兒子在客廳睡，半夜我跑到客廳，作勢要如廁，太太發現我不對勁，連忙把我拉到廁所去。她一拉我，就發覺我的肢體完全沒有力氣，而且一邊的眼珠已經脫窗了，後來我很快就意識不清、倒地不起。我太太趕緊收拾東西，送我上救護車，後來直接進了開刀房，因為水腦是急症，一、兩個小時內就必須動手術。

醫師推測是我腦中的導管出了問題。這些導管是以前在林口長庚醫院治療水腦時裝設的，當時預計可使用五年，了不起七年。然而，我已經與導管平安共存了二十幾年，歷經美國的求學生活和回到台灣都安然度過。如今管路鞠躬盡瘁、功成身退，只好整套都更換。

這次手術換上新型的磁力可調式導管，醫師認為算是很成功。然而，不知是因為導管的位置有點狀況，或者

我的腦袋不適應新管路，手術之後看似很正常，醫師也認為沒問題，唯獨我太太覺得我好像哪裡不對勁，三魂七魄少了一魄似的。她不斷找醫師討論，希望可以再動一次手術，將導管放到最精準的位置。但只有她直覺不對、堅持要換，好像很難說服醫師。後來我媽媽也感覺到我有一點怪怪的，恰巧醫師來查房，看到我胡言亂語，也發現各種神經徵象似乎有問題。既然我生命中最重要的兩位女性都這麼認為，我太太終於說服醫師再動一次手術。手術結束，醫護人員一把我推進病房，媽媽看到我的模樣，立刻就說：「我兒子回來了！」

醫師保證這次是最理想的位置，百分之百精準的位置。但是換完導管後，慢慢地，我出現一些生理上的癥狀，比如每天晨起就眼花撩亂，持續一小時左右，沒辦法看電腦，也沒辦法走路，狀況一直不是太好，醫師表示要再觀察。

裝設導管的目的，是將過多的腦脊髓液引流出來。這次手術將舊導管取出，發現底端完全阻塞了，失去了引流的

功能，難怪會出問題。這已是一年來第三次手術，儘管已經換了新導管，但晨起時複視的狀況仍未改善，醫師也不願意貿然再換一次導管。由於視力愈來愈模糊、走路愈來愈不穩，及至二〇二一年五月，照了片子，發現腦室腫大，醫師終於同意再次手術。

當時，台灣的疫情轉趨嚴重，我對太太說，現在疫情如此嚴峻，也許先延期好了。我太太很有智慧地說，現在還有醫師願意幫你開刀，再過一段時間，要是疫情更嚴重，就算不舒服也沒辦法動手術，那怎麼辦？我想想，有道理，那就進行吧。

住院前，我們相偕去醫院自費採檢 PCR，兩人全副武裝，穿著雨衣套著鞋套，搭乘計程車去醫院，連司機都忍不住側目。篩檢完一回到家，立刻脫掉雨衣和鞋套，衣服丟進洗衣機，衝去洗頭洗澡，以鹽水漱口，還不忘洗了眼鏡，前後歷時整整三個半小時。真是一段難忘的回憶。

我太太不愧是護理人員出身，對感染控制有根深柢固的龜毛性格，多年養成的無菌觀念在此一役表露無遺。她要求我把兩隻手區分為髒污手和乾淨手，不能混用，但我常常忘記，拿著手機與健保卡的髒污手也伸進雨衣裡亂摸，氣得她禁止我再使用右手！

二〇二一年五月十九日，台灣宣布進入三級警戒，我則是安排在五月二十日開刀。那次手術真的滿驚險的，醫院裡人心惶惶，所以我們手術後三天就提早出院了。若非疫情的緣故，至少需要再待上數天靜待觀察。我太太戲稱我們是「三日快閃開腦部隊」，後來要拆卸傷口的釘書針也十分克難，因為不想再次踏入醫院，我們驅車臨停在醫院門外，由外科助理到車上協助拆釘，拆完我們隨即離開。

學習做個「年輕老人」

新冠肺炎尚未爆發前，我申請到科技部國際人才獎助，預計二〇二〇年前往美國加州大學爾灣分校擔任訪問學

者一年，未料疫情蔓延，計畫便順延一年。隔年動手術之後，考量到疫情以及身體狀況，我很遲疑是否該按照預定計畫前往異國。美國醫療費用昂貴，萬一又腦腫怎麼辦？萬一看不清楚而跌倒該怎麼辦？萬一染疫了怎麼辦？此外，由於正逢暑假，我準備帶兒子一同前往，因此我除了得照顧自己，還要分心照顧兒子，壓力很大。但太太鼓勵我，剛開完刀，正值休養期間，如果需要出國，有什麼比這更好的時機呢？全世界都籠罩在疫情的威脅下，就算沒生病動手術，也得面對同樣的困難、同樣的挑戰。

轉念之後，我於二〇二一年夏天赴美，換個環境住兩個月，調劑一下心情。雖然我父母與許多朋友都擔憂，但我相信太太和陳醫師的專業判斷，他們若覺得可以，我就該把握人生的各種機會。若非家人的支持，我不見得能鼓起這麼大的勇氣出國。

這兩、三年來，我陸續動了好幾次腦手術，也因為複視症狀常跑榮總，或是不時要去找管路護理師，透過一個磁

吸的裝置調整腦壓。據醫師解釋，我腦中的導管被一些像海藻一樣漂浮膜狀物給封住，發生機率很小，但我就是碰上了，過去二十幾年相安無事，不知為何近年頻頻出問題。二〇二二年三月，我再度動了開顱手術，換了新導管，同時切開第三腦室，不過腦幹附近沾黏得亂七八糟，醫師也不太敢處理。醫師覺得我的腦很奇妙，照理來說，腦這麼腫，我應該會昏迷才對，卻還能與人對話、處理簡單公務。

如今我的頭上千瘡百孔，有各式各樣的縫線，腦中埋有四根 L 型、Y 型、I 型等各式導管，從頭皮底下接往我的頸部、胸口到肚子。過去幾年，因為身體健康出了狀況，我能做的事情與以前相比少了很多，心情有點鬱悶。我不習慣跟以前不一樣，這件事情我一直還沒有辦法接受。兩年前明明還好好的，為什麼現在突然變差了？應該可以更好吧？為什麼沒有更好？這是我內心很糾結的地方。

我好像突然老了三十歲，走路搖搖晃晃，手抖得很厲害，拿湯、拿咖啡會潑灑出來，就像老人一樣。有點像遭逢

巨變，很多方面都需要調適。我是一個思考型的人，十分仰賴思考，倘若每天都需要當個病人，做各式各樣非思考性質的家務雜事，我不大能夠跳脫出來。到美國一趟，離開原本的生活環境，擔任大型研討會的主席，與學者同儕交流，讓我在思考上有一些空間，可以好好想一想，到底什麼事情對我而言是重要的？我該做什麼？我關心的事情是什麼？我接下來的人生該怎麼走？

因此，我所開設的「設計你的人生」課程，剛好帶給我很多的反思。我顯然沒有預料到，有一天我會突然成為老弱殘兵。**人生很多事情其實是沒有辦法事先規劃的，而我的課程就是引導學生思考「萬一」：若發生不測，你會怎麼樣面對？你如何著手規劃，進行沙盤推演？**說起來，我的人生與我開課的課程目標算是相互印證。

我曾在美國德州的一間書店隨手翻閱一本戲謔文集，其中有一篇是這樣寫的：

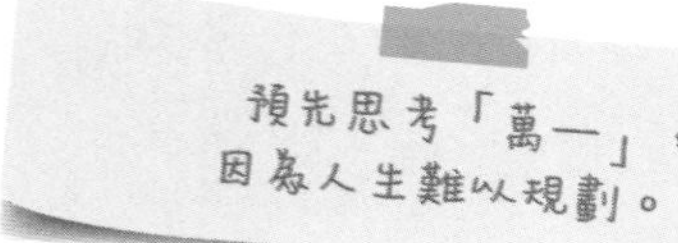

Thank the Lord
for what he gave you,
what he took away,
and all you have left.

我是基督徒，這段有點搞笑、戲謔的說法，對我來講卻是再真實貼切不過了。感謝主，先是賞賜給我，又剝奪了我所擁有的；不過感謝主，祂還留下了一些東西。我現在的心情與這段文字有點像，雖然身體不太好，但感謝主，除了把命留給我，也讓我獲得很多很多了。

我二十六歲當年，正是大有可為的青年時期，突然診斷出罹患腦瘤，接著半身癱瘓，人生完全變了樣，我本來完全無法接受，但幸而漸漸復原。風水輪流轉，經過了二十年，我又突然眼睛看不清楚，走路東倒西歪，雖然不像年輕時那麼糟，但在四十幾歲的壯年時期，突然又變成像是七、八十歲的老頭，一時之間還是很難接受。

目前，我還在努力自我調適，不斷告訴自己，身體狀況雖然不像以前那麼好，但是不要太貪心的話，其實已經很不錯了。我也提醒自己，需要讓心智保持強大，至少我還活著！仔細想想，我應該早在二十六、七歲就死掉了，結果非但沒死，還一路活到現在，結婚、生子，事業家庭都美滿。只要這樣想，我就覺得人生應該要非常知足，感謝老天都來不及了，還抱怨什麼呢？

面對身體的年齡突然老了三十歲，我必須思考，這樣的人生接下來該怎麼面對？對於實際身體年齡七、八十歲的我，現在適合做什麼、不適合做什麼呢？我最近試圖把自己當作一個「年輕老人」，如果沒有期待自己過得像五十歲的人，心裡可能會比較舒坦一點。這麼想的時候，我才意識到，我根本就與其他人不一樣啊！因為對自己抱著不切實際的期待，才會覺得很失望；理智上知道自己身體不好，情感上卻有不合理的期待。因此，我要學習的是活得坦然，其實與身體的復健運動一樣，心理也需要透過一次次的訓練，把自己拉回現實面，這是不容易但必要的功課。

製作趨吉避凶的「開心導航圖」

生病這件事，對我生命的影響太大了，幾乎沒有什麼事情可以相提並論。

與生病比起來，其他挫折都渺小得微不足道。我變得比較勇敢，比較有勇氣，遇到任何挫折，我會拿來與生病那時比較：「與無法吃東西、無法呼吸排泄比起來，這根本不算什麼，太快樂、太輕鬆了吧！」我的個性本來就比較正面，不過經歷一場大病，讓我對生命的耐受度變得更大，對正向積極的思考有很大的幫助。

正如漫畫《七龍珠》有個觀念，裡面的角色只要沒被打死，即便苟延殘喘，一旦努力存活下來，日後就會愈來愈強大。英文也有「What does not kill me makes me stronger」的說法，我也覺得滿有道理。死裡逃生的我，沒有遭到重創所擊倒，反而成長了許多。

我給學生的眾多人生作業中，有一項叫做「開心的導航圖」（A GPS for Your Happiness and Frustrations）。生活中有各式各樣的事情，可能讓我們感到開心、沮喪、憤怒或憂愁，如果能有個自己的「導航圖」（GPS），把日常生活或喜或憂的事情標註在裡面，就可以「趨吉避凶」，導向喜樂、避免憂愁，或是心情低落時，知道去哪裡找尋「讓心情變好的寶物」。

我請學生們回想一下，近期日常生活中遇到的人事物，有什麼事情讓你開心大笑？什麼事讓你不由自主地微笑？什麼事情常令你陷入負面情緒的泥沼？一旦發現情緒低迷，又如何有效地轉化晦暗的心情？哪些東西可以讓你振奮起來？

這個作業的出發點是幫助學生更了解自己，找到調節自身情緒的方法。如果可以繪製一張「導航圖」，把一些讓你開心或挫折的事情明確定調出來，你就可以選擇要怎麼活，決定自己的開心或不開心。

給學生做這份作業之前，我也試著動手繪製自己的導航圖，原以為一週就可以完成了，沒想到在描繪的過程中，發覺似乎有些地方好像沒想清楚，過不久就開始覺得沒有考慮周詳，後來一直追加刪減內容，結果過了快一個月，竟然還做不完。到了第六週，我才發現，原來我以為很了解自己，但其實只是懵懵懂懂過日子，無法導航我的喜怒哀樂。到底在什麼情況下會感到開心、什麼情況下會不自主地壓抑和憂鬱，其實我並不完全清楚，頓時驚覺我對自己的了解非常少。

因為做了這項作業，我得到許多收穫，其中一項便是意識到「我都是用事倍功半、不適合我的方式來要求自己」，所以大多數時候的壓力、挫折與心情不好，都是源於自我要求太高卻達不到目標，以致接下來更緊張、更沒有行動力，效果也更差。

回想起來，從國小、國中、高中、大學直到現在，我都習慣不斷鞭策自己。我喜歡給自己一個不可能的任務，

像是「這個禮拜你應該做完五個計畫」，但實際上的時間只夠完成一個計畫。為何我要求自己完成五個呢？根本不合理呀！

達不到目標就非常容易緊張的我，常常很自責，活得疲累又不開心。我常對自己說：「你做得不好，五件只做了三件，這樣不行啊，要再努力一點！」明知道不合理，但我還是習慣先設定一個很高的目標，心想：「就算沒有全部完成，五個計畫只做了三個，還是比一個多啊！」

我會沾沾自喜地這樣想，卻忽略了我本來就會督促自己，不需要設定那種達不到的目標，到頭來反而因為面臨壓力而容易緊張出錯。事實上，我需要的是自我鼓勵：「你做得很好，不錯不錯，加油啊！繼續努力！」我意識到鞭策自己的習慣，反而帶來莫大壓力，導致做事效率不佳。

我提出「開心的導航圖」這項作業，初衷是希望幫助學生找到自己的「地雷」位置，避開那些會讓自己情緒低

了解自己的地雷區，
才能快速脫離生命的困境。

落、效率變差的事項。我做完這項作業之後警覺，如果我從很年輕的時候就知道自己需要的是鼓勵，例如心想「這樣也不錯，完成一件已經很好了，不必要求太多」，而不是違反本性去鞭策自己的話，我的表現應該會好得多，也會更有自信、更有成就。原來我沒有注意到自己總是在踩地雷，明明就有可以幫助我的大力丸和寶物（也就是接受自己和他人的鼓勵），我卻常常刻意去踩地雷，害自己變得更加負面。

因此，我做完這份作業之後，寫了好幾個「標準作業程序」（SOP），作為自我的提醒。其中一個是「**遇到困難或重大挑戰時的處理方法**」。首先，我會違反自己原本的習慣，先要求自己什麼都不做。停下來，好好休息一下，睡個覺，跑跑步，流流大汗，徹底放鬆。換作以前，我一定是趕快盲目地跳進去做，忙得團團轉，其實不曉得自己在忙什麼。現在我的「GPS」告訴自己必須先沉澱心情，再來思考該怎麼做。

第二個提醒是「**設定容易達成的一、兩個目標，不要**

貪多」。按照我以往的個性，通常都貪多，設定很多個目標，最後根本無法完成。現在我會告訴自己：選擇一件事情，好好做完。過去三、四十年，我常常因為貪多而導致事情做不完，結果壓力更大。因此，搭配我的 GPS，理智上我需要鼓勵自己，不要急，把一件事好好做完就滿足。此外，尋找一些會讓我得到鼓舞的事物，可能是跟孩子玩一玩、唱唱歌、找朋友聊聊，這些事都能引導我「尋寶」，增添自己往下走的動力。

近期動過幾次手術之後，我經常思考的一些人生領悟，很渴望能透過「設計你的人生」和「開心的導航圖」這些課程與學生分享。

Ch.
10

信仰之路

思考信仰的本質

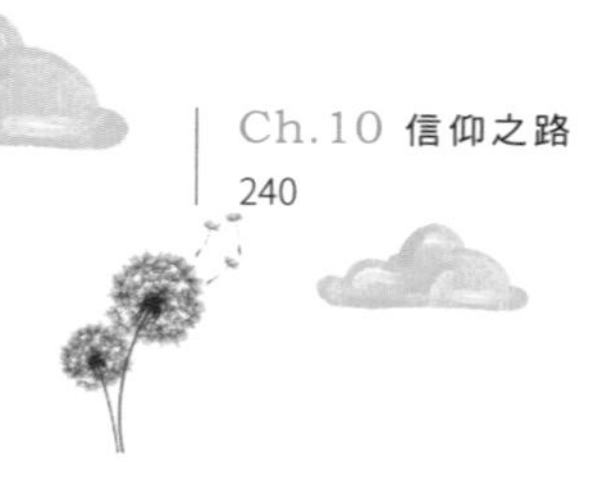

絕望無助時的心路歷程

二十多歲生病那時，由於臥床了很長一段時間，病房裡有各式各樣的人為我祈福禱告，什麼宗教流派都有。記得那段期間，我接觸到的除了一般台灣人熟悉的佛教、基督教、天主教之外，還有一些較不為人所知的信仰，包括朋友拿我的衣服去算命去煞、求問會通靈前世今生的老師、排米卦、算塔羅、點長生燈等等。在生病期間，我得到形形色色的祝福，像是看護阿姨會唸《金剛經》和替我寫《心經》，探病的親友幫忙看面相，護理長替我做了幾小時的「長生學」，或是有幾位氣功師和中醫師受人之託前來幫助我。他們各有不同的信仰，很多我連聽都沒聽過，以前壓根不知道有這麼多大大小小的宗教。

後來病情漸漸好轉，坦白說我並不知道是哪個神救了我。這麼多神明，要是弄錯恩人就糟糕了。我很喜歡對基督徒開玩笑，因為他們來拜訪時都說：「哈利路亞！神救了你啊！要感謝主啊！」一聽到這句話，我便立刻回嘴：「如果

上帝真是這世界的造物主，掌管一切，那麼我會生病顯然也是祂造成的。若是祂讓我生病，再把我救活，我為什麼要感謝祂呢？」我故意戲謔一下，看看他們的反應。通常我這樣講，基督徒大多會啞口無言。

我記得當時在長庚醫院病重時，鋼琴社一位法律系的同學來探望我，陪同的還有台大工商管理學系教授翁景民，他曾獲得十大傑出青年的殊榮，也是佳音電台節目「人生方向盤」的主持人。當時我受水腦所苦，頭腦並不清楚，也無法與人對話。翁老師等我醒來，在病床尾端跪下，為我禱告近一小時。他與我素未謀面，我只是台大畢業的校友，而那時他已是大教授，卻很誠懇與我分享基督信仰。他沒有向我說什麼大道理，只是說：「你要是信，神就伸手拯救。」我聽了很感動。後來得知翁老師因癌症英年早逝，早早見上帝去了，很是感慨。

另外，我太太（當時只是前女友）會在病房為我讀《聖經》的〈約伯記〉，我很喜歡〈約伯記〉，覺得感同身受。有一次，我突然開口說：「病房中有個東西在角落。」但角落的沙發空空如也，什麼都沒有。我強烈感覺到，坐在那裡的不是人，而是像英文說的「being」，面部看不清楚。當時我太太正在讀〈約伯記〉第四章，下一句就是第十五和十六節：「有靈從我面前經過，我身上的毫毛直立。那靈停住，我卻不能辨其形狀；有影像在我眼前。」我太太真的非常感動，原來她那段時間一直在心裡默默禱告：「神啊！祢就出現一下就好！Snow 在痛苦之中，祢到底在不在？」我的狀況那麼絕望，讓她覺得神好像從來都不管，神都不在。但透過那次經驗，我們同時經驗到宇宙中有祂存在，一直看顧著我。

我太太是第三代的基督徒。我們結婚前，她的父母從不反對女兒到醫院照顧她的「前男友」，他們也會為我禱告。不過，我是一個對自己的想法很忠誠的人，我不可能在不相信的情況下受洗。對於宗教，我不排斥，覺得保持公開溝通是很重要的。病癒後回到美國留學，有好長一段時間，我致力追求自己的靈命，不拘宗教信仰，法鼓山或慈濟有活

人生的一切，
都是上天最好的安排。

動我都會參與，如果太太邀請我去禱告會、靈修會，我也會參加。

上天的完美安排

過去，我不覺得一定要信奉哪一種宗教。如果沒有去美國，我大概會尊崇台灣傳統的民間信仰，可是傳統民間信仰我真的相信嗎？好像也不盡然，只是跟著父母去廟裡拜拜而已。回到美國之後，我才有機會認真探討宗教信仰，一方面是生病讓我深切體會到苦難的悲慘；另一個因素是，美國的生活非常無聊單調，週末沒事做，去教會便成為很多人的選擇。教會每週講道一次，探討一些問題，我也進而思考信仰的本質。那時我參加芝加哥的台語教會，每到週末，太太邀我去台語教會，我就跟她去。

有一回，我和太太參加一個距離我們家很近的查經班，剛好他們正在讀的是〈約伯記〉，真的是很巧。神又用約伯來吸引我到這個教會，覺得祂真是幽默。

為什麼我對〈約伯記〉特別有感？約伯是個義人，按照基督教的說法，他是對上帝很忠誠的人。有一天，魔鬼跑去對上帝說，約伯為什麼對你這麼忠誠？是因為你給了他很多祝福、很多好處，如果你給他很多折磨和苦難，看他還會不會對你這麼忠誠？上帝說，有這種事？既然你這麼講，不妨試試看！約伯原本過著優渥而平順的生活，突然間降下青天霹靂，水災地震徹底摧毀他的家，兒女因土匪入侵全部罹難，一夕之間家破人亡。他也得了怪病，連醫生都束手無策。約伯彷彿突然被打入地獄，整本〈約伯記〉就是探討他的掙扎、他的心路歷程、他跟上帝之間的對話，以及他的不滿和怨懟。我很能體會這種心情，因為我生病的過程百般煎熬，除了生理上的磨難，還有心理上的絕望，也是我覺得難以忍受的。

《聖經》有很多奇怪難解的話語，既然來到查經班，我便趁此提出。一些較傳統的叔叔阿姨就對我說：「Snow，你沒有好好讀《聖經》才會這樣問！你讀《聖經》沒讀通啊！」把我數落了一頓。我不知該說什麼，一個「你不懂基督教」的大帽子扣下來，我真實感到自己像約伯

一樣，遭到資深信徒（所謂「法利賽人」）斥責，那種心情實在令我無言以對。

去了幾次查經班，感覺很沒趣，就不太想繼續。不過，教會長老陳振東醫師與長老娘非常照顧留學生，就算我常常拒絕，他們還是每個禮拜打電話來邀請我們。剛開始，我們推說：「很忙啊，沒時間去。」說實在的，以世人眼光來看，他們功成名就、德高望重，又何必紆尊降貴，如此在乎我們這些小毛頭呢？想想因為信仰產生的謙卑精神真是偉大。因著他們鍥而不捨地堅持邀請，我們感到不好意思，便又斷斷續續參加。神沒有放棄我們，在這個查經班與芝加哥台灣福音教會，我和太太待了近十五年，受洗服事，這邊成為我屬靈的家。

我參加芝加哥台灣福音教會時，教會剛剛建堂，主任牧師蔡茂堂是非常聰明有趣的人，他畢業於台大醫學系，曾任台大醫院精神科醫師、恆春基督教醫院院長。倘若不是遇到蔡茂堂牧師，我可能不會受洗。一般「神愛世人」、「上

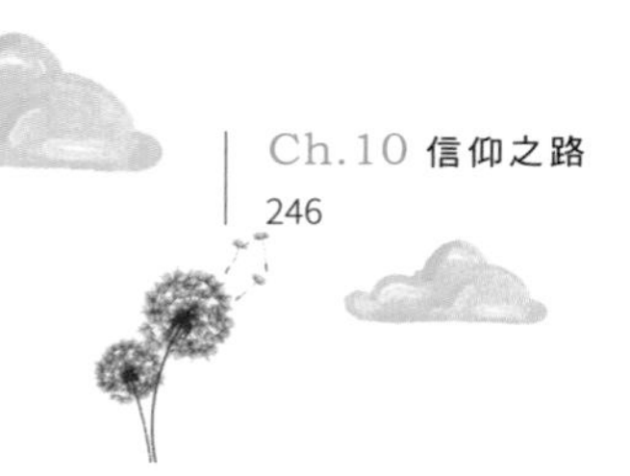

帝愛你啊」、「不要問愚笨問題，只要相信」諸如此類的傳統傳道方式，我是無法接受的。但蔡牧師相當善於鼓勵別人，每次他都會說：「Snow 問的問題非常好，也非常深奧。」或者說：「Snow 想問的其實是這個問題，不過關於這個，我也沒有解答⋯⋯」在場的其他阿姨伯伯們本來想斥責教訓我一番，但聽到蔡牧師肯定我的問題，並說他自己也沒有答案，他們到嘴邊的話語又縮了回去。而我感到自己的問題獲得認可，即便牧師沒有真正回答問題，但至少肯定我，我就覺得受到基本的尊重，於是想繼續到查經班與大家交流。蔡牧師開放的心胸對我而言很重要，因為這樣我才能繼續慕道。

我讀的是物理與光電，很喜歡問問題，又經歷大病，對於人生有我自己的一套想法。我常常覺得，其他人可能根本不理解我問題背後的意義，甚至覺得我大逆不道。一旦牧師認同我，理解我其實是在問一個深奧的問題，就沒人敢指責我是沒有讀通《聖經》而亂問。我想，我其實很想了解這個信仰，而牧師常用我意想不到的方式回答問題，也不會給

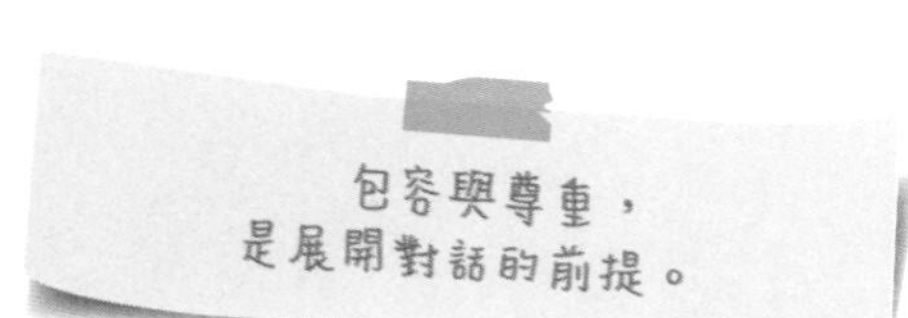

我八股的答案，使得我願意繼續來讀經。牧師對我說：「對於基督教，世人都可以抱持著疑問來學習。」我**提出的問題不再遭受打壓，對話就可以繼續。**假如不是遇到蔡牧師，我大概不可能與基督徒敞開心胸對話，我覺得這真是上天很好的安排。

為什麼不是我？

每年到了四月復活節，都會有很多人受洗。教會的長老執事總會問我：「Snow，你這次有沒有要受洗？」我會坦白地說：「沒有，我沒有感動。」或答：「來查經班、來教會都 okay，可是我還是沒有覺得應該要受洗。」就這樣，我當了好幾年慕道友，大家也出於習慣問了好幾年，但我都沒有受洗的想法，總是說再等等，覺得神還沒有「在我跟他的私人電波頻道中給我感動」。長老的說法很有趣，他對我說：「Snow，你就受洗啊！又不吃虧，也沒人說你以後不能再反悔，先受洗再說嘛。」可是我做不到，我是對自己很誠實的人，信就信，不信就不信。所以親朋好友問了好

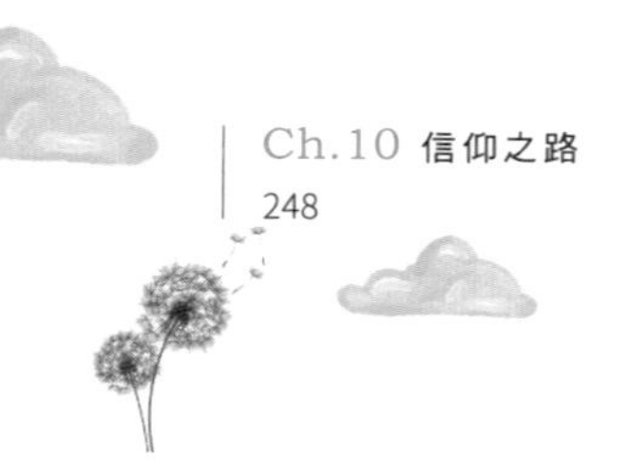

多次，我都拒絕，大家索性都不再問了。

到了二〇一二年，我忽然在查經班說：「我決定要受洗！」所有人大吃一驚：「什麼？你有沒有想清楚？有沒有搞錯啊？（可能心想我是不是頭殼壞掉？）趕快打電話給蔡牧師！」我致電蔡牧師，對他說我要受洗，他也很吃驚，問我：「你想清楚了嗎？」我心想，奇怪，現在我要受洗，你們反而不讓我受洗了？

那段時間我其實一直認真追求信仰。我滿喜歡游泳的，悠游於水中，完全沉浸在自己獨處的世界裡，可以跟自己心裡的聲音對話。我記得我對老天爺說：「萬能的天神啊，我不知道祢，但祢創造了我、了解我，祢知道我為什麼不想受洗。看到基督教的這些繁文縟節，看到這些基督徒，我根本不想受洗啊，祢應該明白我的想法。」這時，我感覺到上天反問我：「你為什麼不受洗？」我又啞口無言了。對呀，受不受洗真的那麼重要嗎？

我突然感覺看見很多人站在十字架前面，讓我看不見

後面的神。像牧師、長老、長老娘等等，每個人都有一套說法，說基督教就是怎樣怎樣，上帝是怎樣怎樣，你應該怎樣怎樣。然而，他們說的這些，真的是基督教根本的教義和精神嗎？我不知道。我感覺這些「與人相關的事物」擋在基督教的十字架前面，讓我看不清楚信仰真正想要傳達的核心思想精神。

我受洗前的掙扎是：如何把擋在十字架前面的一切撥開來，讓我看到真正基督教的核心。我不應該因為這些人而決定不受洗，與其思考「我為什麼要受洗」，我後來轉為思考「我為什麼不受洗」。

我想了很久，想不出不受洗的理由。我感覺神在問我：「你說說看，為什麼不受洗？」或許我沒有辦法表達得很精確，但我就和約伯一樣，在上帝面前無言。對啊，我為何不受洗？如同我生病時，我接受了上帝的話：「對啊？為什麼不是你？」我找不到什麼好理由，於是就受洗歸入神的名下了。

苦難背後所隱藏的祝福

在此之前，我本來只為自己而活，做什麼都是為了自己。對我而言，受洗的意義在於認知到自己的不足，認清世界有另外一個主宰來決定事情的成功與失敗，事情的成敗絕大時候並非操之在己。就像人家說的，盡人事，聽天命，我可以奮力一搏，但最後成功或失敗，不是掌握在我手上。

我生病時，許多人都問我同一個問題：「生這種病，你會不會很怨天尤人？」我想起剛發病時，我一直問上帝：「為什麼是我？為什麼是我？Why me?」但是，後來我就感覺到神好像在反問我：「為什麼不是你？Why not you?」想到這裡，我就啞口無言，心想我為什麼要向神抱怨呢？

再換一個角度來思考。我的家庭經濟環境不錯，氣氛也很和諧。倘若這種病發生在家庭破碎、家境貧苦的人身上，那是更加不堪。於是我心想，這種病發生在我身上，最起碼我和家人在經濟上足以負擔，還可以彼此支持。所以，

漫長的病床歲月，讓我開始思考許多以前從來沒想過的事情，慢慢也不會特別怪罪誰了。〈約伯記〉第一章第二十一節提到：「賞賜的是耶和華，收取的也是耶和華。」以前事情不如人願時，我常怨天尤人，心裡感到不平。但這些年來，我學習到最大的功課就是：**生命的許多事情，常常不如我所預期，而我唯一能做的，就是去接受那些事。**

〈約伯記〉第六章第十一節說：「我有什麼氣力使我持續盼望？我有什麼前景使我應該忍耐？」我想，我能撐下去，完全是我太太的「信」，她相信我仍有希望；此外，還有家人對我無止盡的愛。經歷了生病的過程，我更能體會到旁人遭受苦難的心情，日後更加覺得這是神化妝的祝福。神讓我和太太兩個完全不同的家庭能夠結合在一起，也讓我父母能接觸到許多基督徒朋友。

我最喜歡的一本書是《夢幻飛行》（*Illusions*），是由《天地一沙鷗》（*Jonathan Livingston Seagull*）的作者理查．巴哈（Richard Bach）所寫。書中有一段話：「所有的問

題，背後都有一個隱藏的祝福。」（There is no such thing as a problem without a gift for you in its hands.）我相信人在克服苦難之後，便能得到苦難背後所隱藏的祝福。雖然每個人都會遭遇許多苦難，這些都是神給我們的禮物。這些化妝的祝福，就像風和雨，幫助我們成長、茁壯。

如今我在台大教書、作研究，在台灣與家人密切相處，而且近年來不斷進出醫院開刀，一切都是我之前在美國留學時完全沒有想到的，這樣的人生根本無從計畫起。這麼多年來，我感覺到冥冥中有股力量，有個神一直奇妙地帶領我。神帶領我出國、允許我生病、又引導我回台灣，神必定有祂的旨意。

後記

給明日的我

有一首歌，我很喜歡，是「粉紅馬丁尼」（Pink Martini）樂團的歌曲〈Hang on Little Tomato〉（2004, Portland, Oregon），歌詞是鼓勵藤蔓上的小小番茄：

要堅持，堅持終夜
撐下去，一切都會好轉
即使夜幕低垂
沒有一點星光
只要堅持，緊握不放
繼續努力，期待非凡
當處境艱難 四面楚歌
就整夜聆聽自己的心聲吧
屬於我的朗朗青天很快就會來到

生命如此無常，全世界都因為疫情而天翻地覆。雖天

有不測風雲，但我相信，守得雲開便見月明。有誰能清楚知道自己的人生有多長呢？ 我的人生遭遇諸多不尋常，經歷了許多驚濤駭浪，過去我一次又一次被宣判死刑，哪裡想到現在竟已迎接半百之年，邁入人生的下半場，雖然是不是能有半場也不可知（苦笑）。

現在的我達到知命之年，卻有著七、八十歲的身體，在這一、兩年中迅速失能，其實我相當不適應，心裡也頗為掙扎。身為教授，我卻眼矇不能視，說話大舌頭不清晰，手不靈活無法順利寫字，走路也跌跌撞撞，對我的身心造成很大的衝擊。不過，我有幸還能思考，而在工作崗位上，反而因此能夠同理受挫的學生，與他們有更多生命交流，焉知非福？

我也很喜歡另一首詩歌〈我知誰掌管明天〉，當中提到：「我不知明日將如何，每時刻安然度過。我不求明天的陽光，因明天或轉陰暗。」明日是好是壞，實在難以預料。從過去經驗來看，未來通常不如我所願，但我不後悔這一路曾經行過悲慘絕望的幽谷，正因如此，我得以更加珍惜感謝

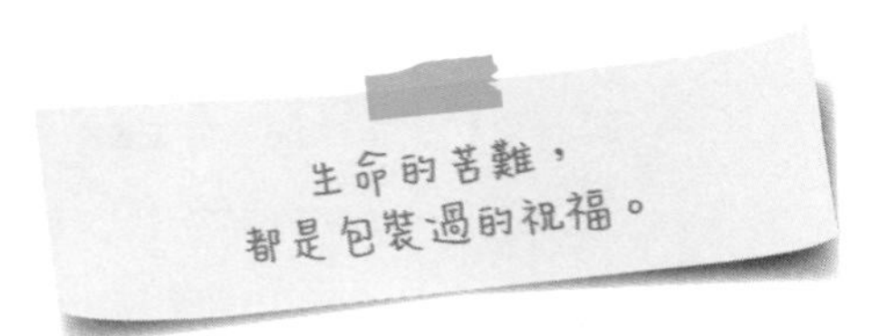

今日所擁有的美好。

我深刻記得大病之時無法吞嚥，連吃冰塊都是奢侈的幸福，因此深深覺得，**所謂的「幸福」都是相對的。**「現在的我」嘗試說服自己接納「明日的我」，因殘破的我也是我，明日的曾雪峰，是全新未知的我，或許現在的我不如所願，但有許多面向是我尚未發掘的，值得用全新的視角來好好認識。與其自怨自艾，不如好好「Seize the Day」，把握每個當下，做自己真正衷心想做的事。

明日既不可知，現今每個時刻都珍貴。就像歌詞中的小番茄一樣：「**就做自己吧！堅持下去，傾聽內心的聲音。**」

我也想對未來的 Snow 說：「不需為將來而憂慮。」明日將如何我不知道，現在雖看不明白，但我知道，夜幕中自有微弱的星光，點點閃耀。

國家圖書館出版品預行編目資料

給明日的你：台大教授改變人生的10堂課/曾雪峰著；--初版.--臺北市：平安文化, 2023.03
面；公分. --(平安叢書；第0743種)(FORWARD；61)
ISBN 978-626-7181-59-1 (平裝)

1.CST: 人生哲學 2.CST: 自我實現

191.9　　112002460

平安叢書第743種
FORWARD 61

給明日的你

台大教授改變人生的10堂課

作　　者—曾雪峰
撰 稿 人—王昀燕、王心瑩、熊誼芳
發 行 人—平　雲
出版發行—平安文化有限公司
台北市敦化北路120巷50號
電話◎02-27168888
郵撥帳號◎18420815號
皇冠出版社(香港)有限公司
香港銅鑼灣道180號百樂商業中心
19字樓1903室
電話◎2529-1778　傳真◎2527-0904
總 編 輯—許婷婷
責任編輯—蔡維鋼
行銷企劃—薛晴方
內頁美術設計—黃鳳君
著作完成日期—2022年12月
初版一刷日期—2023年03月

法律顧問—王惠光律師

讀者服務傳真專線◎02-27150507
電腦編號◎401061
ISBN◎978-626-7181-59-1
Printed in Taiwan
本書定價◎特價新台幣399元/港幣133元